MIRACLE SUN

- 불치병은 없다 -

목차

3. 병이 생기는 원리

4. 병이 치유되는 원리

5. 운명이란 있는가

6. 새로운 차원의 시대

7. 경진 치유법

8. 지구와 인류는 어떻게 될 것인가

9. 치유 사례

곧 닥칠 어려운 세상에

나는 몸과 마음의 극심한 고통을 직접 겪으며 고차원계의 에너지체 (神)들과 함께 치유법을 수련하며 나의 몸을 치유하고 많은 이들을 치유했다.

이제 나는 神들의 치유법인 **태양에너지 치유법**을 세상에 알리고자 한다.

앞으로 인류에게 어려운 시대가 다가올 것이다.

역병들의 침범, 자연재해, 지도자들의 광기로 인한 전쟁과 경제 저성장, 인공지능과 로봇들로 인해 뒤처진 서민들의 생활은 힘들어진다.

지금까지의 물질 성장의 시대가 저물어 가고 초과학, 초영성의 시대가 시작된다.

인간의 욕심으로 망가진 지구는 더 이상 인간을 지탱하기 힘들어진다.

태양에너지 치유법은 우주 고차원 존재들의 에너지 활용법이며 인류에겐 몸과 마음의 고통에서 벗어나 깨어나게 하고, 나아가 깨달음으로 가는 법이다.

또한 앞으로 더욱 강력해질 역병들을 물리칠 기적의 치유법이다.

아무리 강해진 바이러스나 세균일지라도 몸 안의 혈을 강하게 돌릴 수만 있으면 사멸된다.

아직 의학이나 과학에서 혈을 강하게 돌릴 수 있는 방법이 없어 바이러스를 인체에 주입해 항체를 만든다.

우주의 모든 별과 생명체들은 돌고 도는 **회전력**으로 생명과 건강을 유지한다.

인체의 혈도 마찬가지로 회전이 잘 되어야 건강하나, 혈의 회전은 신경계의 영역으로 자신이 마음대로 조절할 수 없다.

인간의 의지로 혈을 돌릴 수 있는 유일한 방법은 집중된 의식으로 호흡하는 것이다.

현대인들의 기운과 에너지는 상체로 떠올라 있어 호흡하는 법을 잊어버려 자가 치유 능력을 상실해 모든 병에 시달린다.

태양에너지는 자가 치유 능력을 회복시키고 병들을 직접 사멸하는 최고의 약이다.

태양에너지를 인체에 끌어들여 호흡으로 강하게 돌려 주면 바이러스뿐 아니라 현대의 모든 질병을 조절할 수 있으며 중증 환자가 합병증으로 신체를 절단하는 일은 생기지 않는다.

태양에너지는 육체적 고통부터 죽음까지 이르게 하는 병들과 정신과 영혼, 마음의 고통을 주는 음기(陰氣)의 에너지인 귀(鬼)까지 사멸시키는 기적의 에너지이다.

원인 모를 몸과 마음의 병, 치유할 수 없는 병으로 인해 고통 속에 있거나 의식의 깨어남과 차원 상승, 그리고 깨달음을 위한 수행자들은 태양에너지로 스스로 치유하고 깨어날 수 있다.

神이 원하는 건 당신이 차원 상승하여 신이 되는 것이지, 神을 맹신하며 무지 속에 의탁하는 나약한 영혼(靈魂)을 원하는 것이 아니다.

지금까지 종교 지도자들과 사회 지도자들의 시스템에 맞춘 일률적인 가르침에 인간의 영성은 묶여 자신 안의 고차원 에너지 시스템을 활용할 수 없게 되었지만, 神의 에너지는 누구든지 가지고 있으며 활용할 수 있다. 이젠 깨어나야 한다.

神은 에너지이다. 인간의 차원 상승을 바라고 돕는 에너지이다.

그것이 우주 생성과 팽창의 이치이며 목적이다.

앞으로 다가올 재난과 병마는 기도, 돈, 의학의 발전으로도 해결할 수 없다.

태양에너지를 이용하여 의식과 치유 시스템을 복원해 스스로 고통에서 벗어나고 치유해야 하는 시대적 변환기에 들어섰다.

앞으로 자연의 재난과 역병은 인간을 고통으로 내몰고 물질의 성장 시대가 저물어 가면서 고난의 삶이 될 것이다.

그때에도 물질 모으기에만 혈안이 되어 몸과 마음은 피폐해지고 자신의 영성은 소멸되어 神과 의학이 해결해 주기만을 기다릴 것인가?

이제 깨어나야 한다. 자신이 본디 神이었음을….

2020년경부터 20년간 불의 시대이다.

전쟁, 괴질, 지진, 화산 등 모든 면에서 분열과 분화의 시대이고 정신과 마음 또한 뜨거움이 극해져 이상 현상을 일으키며 국가도 가정도 흩어지는 각자도생의 시대이다.

이는 神이 내리는 벌이 아니라 인간의 욕심과 지구의 운기이며 우주의 환절기를 지나가는 과정으로, 모든 생명체의 입장에선 위험한 시절이다.

긍정적인 면으로는 초과학 시대로의 진입이며 우주 시대, 가상의 시대, 새로운 에너지의 시대, 초영성의 시대로 맹목적인 믿음에서 벗어나며 이치를 찾고 의식이 깨어나 차원 상승하여 神의 능력을 사용하는 시대이다.

이 시대를 살아갈 인류에게 필수적인 것이 바로 태양에너지 치유법이다.

이는 많은 인류가 고통에서 벗어나고 세상을 이롭게 하는 인류의 의식 혁명이자 수행법이며 앞으로 지구촌 인류에게 꼭 필요한 치유법이다.

오랜 시간 다른 별에서 온 '스타인'들이 전 세계에 많이 와 있다.
그들을 인디고, 크리스털, 레인보우 등 스타 시드로 분류하여 전 세계 과학계에서 연구 중이다.
그들이 속해 있는 차원계와 능력치가 각자 다르고, 해야 하는 사명이 각기 다르다.

모든 분야에서 지구를 위해 과학과 의학, 예술과 영성의 차원을 높이는 데 기여하고 있으나, 많은 스타인의 지구 생활은 더 큰 고난을 안고 살아간다.
사람들이 회피하는 직업군에 속하거나 불치병에 시달리며 고난의 삶 속에 자신의 정체성을 알지 못한 채 비극적인 삶을 살며 고통 속에 지내는 이들이 많다.
지구 차원계에 적응하지 못하고 고통 속에 헤매며 정체성을 찾지 못함이다.

사람들이 생각하는 것처럼 어느 한 명의 구원자가 구원하러 오는 것이 아니다.
이들이 그 구원자의 하나하나 세포로서 지구의 변혁기에 지구를 돕기 위해 온 것이다.

그들은 자신의 고통을 이겨 내고 해결법을 찾아 인류에게 전하여 고통에서 벗어나는 법을 전하고 지구의 차원계를 높여야 하는 사명이다.

스타인들의 다수는 자신의 고통을 이겨 내지 못하고 퇴보하고, 소수만이 사명을 완수할 수 있게 된다.

앞으로 우주 시대로 지구에 정착한 스타인들이나 새로이 들어오는 우주인들의 정체가 서서히 드러나게 될 것이다.

종교, 영성, 도판이나 힐러, 무속 등 정신세계를 공부하는 지구촌의 많은 영성인과 치료되지 않는 몸과 마음, 정신의 병으로 고통받는 전 세계의 수많은 환우, 그리고 앞으로 다가올 강력한 역병들로부터 자신과 사랑하는 이들을 지켜내야 하는 인류에게 태양에너지 치유법을 드린다.

                                                                        炅辰
                                                                        경진

1.

경진에 대해

나의 별

　나의 고향은 북두칠성이다.

　칠성은 우주의 질서를 바로잡고 별들의 차원 상승과 해로운 에너지를 제거하는 역할을 한다.

　세상은 어느 한 명의 구원자가 바꾸는 것이 아니다.

　많은 이가 차원 상승이 될 수 있게 하는 길잡이 역할을 할 뿐이며, 상승된 자들이 상승되어 가는 세상을 한 단계 한 단계 만들어 가는 것이다.

　나의 사명은 인류의 목숨이 위협받는 시대에 살아날 수 있는 우주 고차원에서 사용하는 神들의 치유법을 전해 주어야 할 때가 되었기에 30년간의 수행의 결과를 세상에 알리기 위해 글을 쓴다.

　말과 글은 표현되는 순간 이미 진리에서 벗어난다.

　아무리 수정을 해도 나의 생각과는 다른 글들로 채워지고 있다.

　그럼에도 내가 이 글을 쓰는 이유는 칠성의 에너지로 분령되어 온 형제들을 찾기 위함이다. 그 형제들이 많은 사람을 도울 것이다.

　사이비는 내가 神이니 나를 따르라 하고, 진리는 각자가 신임을 일깨우고 쇠사슬에 묶인 영혼을 풀어 자유롭게 한다.

윤회의 고리

나는 태어났다. 태어나고 또 태어났다.

여러 생을 제사장, 스님, 도사, 정치인, 장군, 상인, 광대, 장애인, 왕가의 대군으로도 살며 귀양살이를 하기도 했다.

현생의 내 모든 업과 습은 모두 전생의 것들이 잠재의식에 쌓여 DNA로 형성되어 운명을 만들었다.

작은 습관부터 탐, 진, 치, 몸의 병, 성격까지…. 오랜 지구의 삶에도 몸과 영혼의 적응이 쉽지 않다.

나의 어머니는 시집온 날부터 남편의 폭력에 시달렸으며 하루가 멀다고 구타를 당했다. 정리하려 했을 땐 내가 생겨 '시간이 가면 나아지겠지' 하고 버티며 살아가셨다.

신생아인 내가 버스에서 운다는 이유로 아버지는 나를 버스에서 창밖으로 내던졌다.

다행히 죽진 않았으니 지금 이 글을 쓴다.

아버지의 성정은 점점 더 거칠어져 갔고, 어머니는 나를 데리고 다른 지역으로 도망 다니며 살다시피 했다.

어머니는 나의 아버지와 두 번의 이혼을 반복하며 그때마다 생활력 강했던 어머니의 모든 재산을 다 주어야 했고 길에 나앉다시피 했다.

하지만 그 미련함이 나를 지키는 힘이기도 했다.

어머니는 전생에 왕가의 대군이었던 내가 목숨이 위태로울 때 나를 데리고 도망 다니며 나의 목숨을 지키셨다.

여러 생을 고통 속에 나를 지켜 내는 것이 어머니의 사명이었다.

어려서부터 재주가 많았던 나는 팔방미인이었다.

그렇지만 이상한 병마들이 나를 자주 덮치곤 했다.

초등학교 땐 심장에 문제가 생겨 한동안 학교에 출석을 못 한 적도 있고, 입술은 늘 부어 있고 숨은 불규칙적으로 몰아쉬며 심장판막증으로 살았다.

알 수 없는 병들로 인해 한약, 양약 많은 약을 달고 살았다.

어머니에겐 죄송하지만 사실 그 비싼 약들을 먹지 않고 다 버렸다. 약으로 해결되는 게 아니란 걸 알고 있었다.

20세엔 눈이 실명된다는 진단을 받았다.

초자체혼탁, 견인망막박리, 황반변성 등 그 시대엔 치료할 수 없는 불치병이었다.

그리곤 어느 날부터 말을 할 수도 없고 먹지도 못하고 걸을 수도 없고 숨이 막히는 알 수 없는 많은 병과 함께했다.

숨을 쉬지 못해 온몸이 타들어 가는 고통으로 일상생활을 할 수 없었다.

불치병의 증세가 연달아 나타났고 상상할 수 없고 알 수도 없는 고

통들이었지만, 주위 사람들은 내가 아픈지 알지 못했고 어떠한 의학의
힘도 도움이 되질 않았다.

마음 안에 항상 쓸쓸함이 있었고, 그것을 해소하는 방법이 운동과
노래였다.

어머니와 어릴 때부터 여기저기 떠돌이로 살 때 교회에서 많은 생활
을 했기에 알게 모르게 기독교 신앙 안에서 공부를 하게 되었고 신학대
작곡과에 입학하였지만, 새벽부터 시작되는 서울 생활에 적응하지 못
해 바로 그만두었다.

얼마 후 노래를 좋아했던 나는 음반 기획사에 들어가게 됐고 우여곡
절 끝에 음반 녹음에 들어갔다. 녹음 작업을 하던 중 회사는 부도났고
나는 갈 곳을 잃었다.

노래에 대해 더 깊이 파고들고자 남양주에 있는 산으로 이사해 하루
8시간씩 연습을 하였다. 덕분에 목소리는 트였고 사람들을 모아 다시
음반 작업에 들어갔다.

그러나 또다시 비극이 시작되었다. 녹음실에서 녹음이 시작되면 노
래는커녕 말도 할 수 없었다.

말 한마디 할 수가 없었고 숨을 쉴 수가 없었다.

숨을 못 쉬는 괴로움은 말로 표현할 수 없는 고통이다.

먹기만 하면 전부 토해 냈고 모든 근육과 뼈가 뒤틀리는 고통이 시
작되었다. 단 5분도 걸을 수가 없었고 온몸은 타들어 가는 통증을 겪었

다. 그야말로 지옥의 간접 체험이었다.

치료하기 위해 안 가본 데가 없었고 안 해본 것이 없었지만 소용없었다.

그렇게 죽을 순 없기에 모든 걸 버리고 스스로 기도와 치유의 길에 들어섰다.

나의 모든 걸 내려놓아야 했고 버려야 했다.

나의 자만과 어리석음, 인간으로서의 관념 등 모든 것을….

치유는 나를 완전히 버리고 나를 온전히 죽이지 않으면 안 된다.

깊은 병일수록 깊은 참회가 필요하다.

깊은 참회는 영혼의 치유로써 근원을 치유한다.

오열 속에 기도가 시작되었다.

눈물이 끝없이 흐르며 몇 년을 걷고 걸었다.

어릴 때부터 쌓여 왔던 분노와 공포의 트라우마로 인한 껍질의 고통을 씻어 내야 했고, 많은 생 속에 나와 얽혀 고통받는 영적 에너지체들을 정화해야 했다.

누굴 용서한다는 건 쉽지 않았다. 이론처럼 되지 않는다.

다만 내가 살기 위해 어떻게든 그 고통과 맞서 나의 어리석음을 온전히 느껴야 하며, 참회의 눈물을 끝없이 쏟아 내어 나를 치유하면 용서랄 것도 없이 고통을 준 상대가 잊힌다.

그렇게 나를 버리고 비워 내면서 무겁고 탁한 가슴 속 바위가 깨지며 밝은 에너지가 들어온다.

어느 날 기도 중 상상할 수 없는 큰 에너지가 척추를 타고 올라갔다. 내 몸은 인간의 한계를 넘어 뒤틀리고 꼬이면서 엄청난 기운이 돌기 시작했다. 몸의 고통이 기적처럼 사라져 갔다.

쿤달리니가 각성되었던 것이다.

이때부터 신(神)과 기(氣)와 에너지에 관한 공부가 9차원 천신인 나의 수호령과 함께 시작되었다. 나의 상위 자아이며 수호령이자 안내자이다. 20세 초반의 일이다.

첫 공부의 시작은 10세가 되었을 때였다.

길을 걷다 우연히 원불교 간판의 동그란 마크를 보게 되었다.

무아지경에 빠져들듯 한참을 보고 있었고 그 안에 우주와 지구와 자연의 이치, 신들의 이치, 윤회에서 벗어나야 하는 이유, 지구가 고통의 별, 공부의 별, 영혼들의 차원 상승을 위한 별이라는 걸 자연스럽게 알게 되었다.

'이제 윤회를 마치고 나의 별로 갈 때가 되었구나'라는 울림이 있었다.

이때부터 이번 생의 공부가 다시 시작된 것이다.

어떤 이들은 이런 현상을 깨달음이라 표현하기도 하지만 깨달음이 아닌 내 안의 잠재의식이 이미 알고 있는 사실들을 복기한 것뿐이다.

깨달음이나 神에 대한 잘못된 환상에서 벗어나야 한다.

깨달음엔 끝이 없다. 자신의 차원에 맞는 깨우침이 있을 뿐이다.

기필코 깨달음을 얻겠다는 집착으로 수행하는 이는 깨달음이란 단어가 이미 번뇌, 망상으로 벽을 만들어 놓는다.

이 책에서 말하는 건 깨달음이 아니라 그전에 먼저 깨어남이다.

먼저 깨어나야 큰 에너지와 함께할 수 있고 그 에너지의 힘으로 몸과 영혼을 치유하며 차원 상승되어 깨달음의 계단을 밟을 수 있는 것이다.

9차원 수호령과 공부하며 인간과 땅과 영적 세계를 알 수 있었고 치유의 공부가 시작되었다.

많은 사람이 찾아왔었지만 그들이 원하는 건 미래에 대한 갈증뿐이며 지금의 상황을 벗어나게 해 달란 말뿐이었다.

점집 정도로 알고 왔을 것이다.

물론 미래도 알려줘 보고 퇴마도 해 줘 보고 치유도 해 줘 보았지만, 그 순간이 지나면 그들은 다시 욕심에 빠져들기 바빴다.

누구 하나 큰 공부 하겠다는 이는 없었다.

그래서 나는 사람들과 소통하길 원치 않게 되었고 은둔 생활을 하다시피 하며 고차원 에너지체들과 공부를 해 나갔다.

공부를 해 나가며 나와 함께하는 에너지체들의 바뀜에 따라 차원계도 달라져 갔다.

11차원, 13차원~ 에너지체들이 함께하여 나의 공부를 도왔으며 차원이 높아질수록 치유의 깊이와 깨우침도 달라졌다.

쓸쓸함 속에 홀로 공부하지 않았다면 큰 이치를 알지 못했을 것이고 이번 생 또한 업만 쌓으며 허무하게 끝나게 됐을 것이다.

수많은 실패와 고통 속에 이제야 신들의 치유법인 태양에너지 치유의 패러다임을 밝힐 수 있게 되어 감사할 뿐이다.

과학의 발전으로 가상 세계가 곧 현실화될 때 인류가 그 안에서 치유법을 익히고 공부하는 시스템을 만드는 것이 내가 할 일이다.

이 글을 읽는 당신도 다른 차원계에서 분화되어 나온 영혼이다.

다른 차원의 별에서 죄를 짓고 이곳에 왔든, 사명을 가지고 왔든, 지구 본토박이든 어떤 연유에서든 3차원계에 와서 계속된 윤회 속에 욕심과 미움, 교만함으로 당신의 본령을 잃어버렸고 에고의 오감에 묻혀 볼 수 없게 되고 알 수 없게 되었다.

아직 어린 영혼들은 神을 찾고 매달리며 기복 신앙에 머물러 있다. 그게 잘못이라는 이야기가 아니다. 어릴 때의 당연한 순리이다.

그러나 언제까지 어린 영혼으로 신에게 매달려선 안 된다.

지구 3차원의 목적은 어린 영들의 의식의 성장을 위한 장소이며 때가 되면 차원 상승하여 고차원으로 분가하는 게 우주의 법칙이다.

이제 우주의 질서가 바뀌고 지구의 에너지가 변화하는 때이다.

차원 상승하지 못한 영혼들은 저차원으로 들어간다.

의식의 차원이 상승되면 지금의 낮은 주파수와 진동에서 벗어나 창조할 수 있는 神의 에너지와 함께하며 스스로가 주인이 된다.

지금까지는 극소수의 타고난 사람들만이 수행과 수련으로 신비 현상을 나타내며 베일에 싸여 있었다. 그러나 이제 자신이 고차원 에너지와 함께하여 인간 의식을 내려놓고 자신 안에 신의 능력, 치유의 능력이 있다는 것을 깨닫는다면 누구나 차원 상승하여 몸과 마음, 내 안에서 일어나고 있는 병과 고통을 다스리고 없앨 수 있는 깨어난 초인이 된다.

차원계

차원계를 나눠 보면 지구는 3차원의 공간과 4차원의 시간 흐름 속에 있다. 4차원은 이승과 저승의 사잇길, 즉 鬼의 세계도 포함된다.

5차원은 영가들이 다음 생을 준비하기 위해 치유받고 준비하는 곳이다. 이곳부터 조상신들이 공부하는 곳이라 할 수 있다.

5, 6차원은 사람이 사후 神 대접 받는 조상신계라 한다.

무당의 몸주인 조상신들이 있는 곳이다. 즉, 사람이 사후 귀신이 되어 인간에 의해 神으로 모셔진다. 탐, 진, 치의 욕구가 그대로 살아 있고 윤회와 치유의 준비 단계이기도 하다.

대부분의 사람들에겐 조상신이 함께하고 있으며 그들이 부모의 마음으로 수호신의 역할을 하며 그들의 맑고 탁함에 의해 같이하는 자손의 삶에 막대한 영향을 끼친다.

7, 8, 9차원은 천신계, 여기부터 하늘의 일을 하는 신장들의 세계다. 천사들의 차원계이기도 하다.

무당이 모시고 있는 조상신들이 이곳에 있는 천신들의 능력을 받아야 무당으로서의 역할을 제대로 할 수 있다.

천신과 통할 수 있는 조상신은 극소수이며 그만큼 무당이 되는 것은 어려운 일이다. 신병이 있다고, 점을 친다고 무당이 되는 것이 아니다.

함께하는 神의 차원이 바뀌면 치유의 차원도 달라지고 깨달음의 차원도 달라진다.

이렇게 차원계가 달라질 수 있는 건 한 생에 열심히 한다고 되는 일이 아니고 수없는 생에 해 왔어야 한다.

제일 중한 건 본디 자신의 근기, 즉 어느 차원계에서 어떤 사명을 가지고 왔느냐 하는 것에서 차원계 공부가 가능하다.

예를 들어 차원계를 18차원으로 나눌 때 한 차원계 안에 또 수 없는 작은 차원계가 존재한다. 지구의 시간으로 봤을 때, 작은 차원 1단계 올라가는 것도 힘든 일이다.

인간의 고정된 관념에서 벗어나지 못하면 절대 믿을 수 없는 미신으로 치부할 수밖에 없다.

10, 11, 12차원은 영계 차원이다. 소우주 질서를 관장한다.

이 차원계부터는 소우주의 생명체를 창조할 수 있는 존재들이다.

이곳에서 온 존재들이 지구 원시 종족에게 유전자를 주었고 지구 토박이들은 그들을 신으로 주앙하였다.

물리적으로는 스스로 빛을 내는 별들, 즉 태양의 영역이다.

태양들은 태양계의 자식 별들을 이끌고 탄생과 죽음을 관장한다.

종교에서의 심판하는 신의 차원계이다.

불교의 대왕들의 영역이기도 한다.

13, 14, 15차원은 도계이다. 대우주의 질서를 관장한다.

북두칠성, 자미원 ,천시원, 태미원, 북극성 등이다.

16, 17, 18차원은 불성의 세계이다.

온전한 깨달음이며 낙(樂)도 없고 고(苦)도 없다.

그리고 모든 차원계와 함께하는 무(無)의 세계이다. 설명할 수 없는 우주 본연이다.

무의 세계에서 설명할 수 없는 어떤 기류가 생겨나 억겁의 시간 후 음과 양을 만들고, 음과 양의 끝없는 회전 속에 의식과 에너지가 생겨나고 형태를 가진 물질을 만든다.

의식이 물질을 형성하는 이유는 체험이라는 감각이 필요하기 때문이다. 인간은 감각과 의식이 공존하는 중요한 생명체이다.

위에서 차원계를 나눈 숫자는 임의적인 구분이다.

문패처럼 여기는 몇 차원이라고 쓰여 있는 건 아니다.

표현하는 이마다 조금씩 다를 것이다.

우주를 절대 단정 지으면 안 된다. 인간의 상상이든, 과학의 결과이든, 진실이라고 생각했던 모든 것들은 우주의 광활함에 있어 먼지 한 톨만큼도 되지 못하는 지식일 뿐이다.

우주의 진리는 모든 영혼이 차원 상승되어 계속 팽창해 나가는 것이다. 일정 시간 동안에 그 차원계에서 차원 상승되지 못한 영혼들은 도태되어 낮은 차원으로 하강하거나 소멸한다. 그것을 종교에서 지옥이라 표현한다.

이는 죄의 양만큼 벌을 받는 단순한 시스템이 아니다.

내 안에 잠든 신의 능력을 깨워야…

누구나 神의 능력이 있지만 에고와 오감에 묶여 있어 내면의 에너지를 발견하지 못하고 있다.

수천 년간 교육과 종교의 가르침에 의해 의식이 제한되어 왔고 물질 성장에 몰입되어 오감의 감각만을 믿게 되었다.

눈을 감고 보이는 현상계에서 벗어나 이치에 눈을 뜨고 내면에 집중하여 큰 에너지를 찾아야 한다. 그러면 고통 속에서도 불안하지 않다.

내가 나의 주인이 되지 못하면 언제나 불안과 고통 속에서 살 수밖에 없으며 신에게든 인간에게든 의존해야만 하는 삶이 된다.

의존해야만 하는 삶은 끝없는 윤회와 고통에서 벗어나지 못한다.

내 몸도 마음도 내 마음대로 할 수 없는데 거짓으로 어찌 남의 마음을 얻으려 하고 神의 마음을 얻을 수 있을까….

내 안에서 일어나는 현상들은 나 스스로 조절할 수 있고 창조할 수 있다. 대부분의 사람은 우선 이 말부터 부정할 것이다.

자신을 믿지 못하니 아무것도 바꿀 수 없고 종교의 가르침과 도사들의 신비 현상에 의지하다 자신의 의식은 노예화되어 한 생 한 생 끌려간다.

또한 대부분의 사람은 기도가 하늘에 닿을 정도의 높은 에너지와 주파수를 갖고 있지 않다.

먼저 당신과 조상들, 즉 수호신들을 인도하는 더 높은 고차원의 수호령과 통해야 고차원의 문이 열린다.

하지만 대다수의 사람은 수호령을 찾지 못하기에 태양에너지의 도움을 받아 음양의 조화를 맞추며 수호에너지로 활용해야 한다.

그래야 주파수와 진동이 높아져 차원 상승의 문을 열 수 있는 것이다.

하나님이든 부처님이든 결국 내 안에서 이치를 찾아야 한다.
신이 원하는 것은 인간의 의식 차원이 높아져 자신의 어둠을 정화해 스스로가 신이 되는 것이지, 신을 숭배하며 죄인으로 살게 하는 것이 아니다.

이미 양자역학에서도 의식과 정신세계에 대해 밝혀 나가기 시작했다. 이제는 신비 현상을 일으키는 극소수 인들의 영역이거나 종교에 의한 신을 받드는 주인과 종의 영역이 아니다.
현실의 내 몸과 마음에서 이치를 찾아야 한다.

앞으로의 시대는 에너지를 움직이는 사람이 세상을 이끌게 된다.
의식을 바꾸면 에너지를 바꾸고 운용할 수 있다.
변화하는 세상을 빨리 캐치해야 한다.

이제는 밝게 드러나는 세상이 된다.
기존의 신을 향한 믿음과 마음 수행, 종교와 신비주의, 힐링의 차원에서 뛰어넘어야 하는 시대이다.

이제는 생존의 시대이고 의식과 육체가 함께 직관적으로 차원 상승되어야 한다.
그러기 위해선 먼저 마음이 맑아져야 하지만, 대부분 자신의 깊은 곳에 묻혀 있는 거짓을 참회하지 못한다. 거짓이 있는지도 모르기 때문이다.

자신을 보지 못하면 의식은 하향되어 간다.

의식은 크게 3단계로 구분한다.

동물적 의식: 본능에 의해 살며 선과 악의 기준이 없고 2차원적 의식이다.

인간 의식: 자신이 중요하고 가족이 중요한 3차원적 의식이다.

영적 의식: 지구와 인류를 생각하고 우주의 이치를 따른다.

가족 중에 동물적 의식을 가진 혈육으로 인해 큰 고통을 겪는 이들이 있다.

전생에 무슨 죄를 지어 내가 고통을 받는지 어떤 인연이 있어 저런 사람이 나와 가족이 되었는지 한탄하는 이들이 있다.

맞는 말이기도 하지만 인연이 없거나 자신의 업에 의해 만난 것이 아닌 경우도 많다.

동물적 의식의 초급령을 키워 내기 위한 우주의 법칙이기도 하며 서로 공부해야 할 것이 있을 때 인연으로 맺어지기도 한다.

동물적 의식의 사람들은 자신의 악행을 단지 모를 뿐이다.

자신의 처지를 한탄하지 말고 그를 잘 인도하든지 아니면 끊어 낼 것인지. 그들에게 최소한 인간의 마음과 같이 변하길 바라는 건 욕심일지 모른다. 그들의 차원을 높이는 것이 당신의 미션이기도 하다.

2.

에너지호흡과 치유

신들의 에너지 태양

아침에 태양 빛을 10분씩만 꾸준히 쬐어도 암 예방 효과가 있다고 의학계에서도 발표하고 있다. 병이 생기기 전의 예방 차원이다.

태양 빛을 쬐는 것만으론 인체의 깊은 곳까지 도달하지 못해 온전히 병을 치유하진 못한다.

인체 깊은 곳, 의식의 깊은 곳까지 태양에너지를 흡수해야 몸과 영혼의 본질적인 치유가 가능하다.

태양에너지를 이동시키는 방법이 호흡이다.

호흡은 육체적 호흡, 즉 코로 쉬는 호흡이 먼저 바르게 행해져야 세포가 맑게 재생되고 다음으로 영적인 호흡, 의식의 호흡, 즉 차크라 호흡이 병행되어야 병의 근원이 제거되어 몸과 영혼의 깊은 병이 치유된다.

아침 태양에너지는 생명에너지이다. 세포를 만들고 키운다.

오후의 태양에너지는 음기를 숙살시키는 치유에너지이다.

태양의 적외선을 받으면 멜라토닌이 생성되어 몸의 유해한 성분을 제거하고 세포 생성을 돕는다.

단순히 쬐는 걸 넘어 태양에너지를 근육과 세포, 신경계, 유전자에

까지 흡수할 수 있으면 많은 병을 조절하고 치유할 수 있다.

태양에너지를 흡수하면 나의 음적인 에너지를 바꾸고 고차원 에너지와 함께하게 되어 내 몸과 마음의 병을 스스로 치유할 수 있게 되고 운명을 바꾼다.

그제야 비로소 내가 나의 주인이 된다.

치유사들의 수준도 천차만별인 것이 에너지를 어느 부위까지 도달하게 할 수 있는지가 치유사로서의 레벨이 된다.

태양계에서 가장 강력한 에너지는 태양이다.

태양은 생명의 에너지이자 음기에게 있어서는 죽음의 에너지이다.

고통에서 벗어나려거든 절대 태양을 멀리해선 안 된다.

태양에너지만이 앞으로 닥칠 치명적인 병마를 막을 수 있다.

우주 고차원 존재들은 태양을 에너지원으로 쓴다.

태양은 자신의 태양계에 속한 자식들, 즉 행성들을 한 치의 오차 없이 돌리는 우주 고차원의 핵원자력에너지이다.

인간은 태어날 때 전생으로부터 갖고 있던 원기를 가지고 온다.

인간에게 원기는 의식이고 생명이고 건강이고 재물이며 모든 것이다. 얼마나 잘 아끼고 쓰는지에 따라 3차원계 삶의 질과 행복을 좌우한다.

원기가 충만해야 건강을 지킬 수 있고 재물을 벌어들일 수 있으며 원기가 부족하면 성격부터 행동, 판단력 등 가정과 사회생활, 영혼까지 모든 곳에 문제가 생긴다.

원기는 하단전에 잘 보관하여야 하며 위로 뜨지 않게 해야 한다.

욕심과 성내는 마음, 심한 트라우마, 과도한 쾌락과 중독은 강한 호르몬 작용으로 신경계를 교란시켜 인체의 모든 시스템이 무너지고 기운을 위로 뜨게 하며 차갑게 한다. 그리하여 정기는 더욱 고갈되어 간다.

쾌락의 호르몬이 무조건 나쁜 것은 아니다.

지구를 유지하고 번성시키는 에너지로써 필요하다.

문제는 쾌락의 강력한 호르몬에 중독의 길로 들어서는 것이다.

중독은 전생에서부터 잠재되어 있는 강한 호르몬의 기억이 숨어 있다가 이번 생에 그와 비슷한 경험을 할 때 화산처럼 솟아올라 제어할 수 없게 된다.

중독에 빠지면 좀처럼 끊을 수 없으므로 잠재의식의 정화가 이루어져야 한다.

중독에 빠졌다는 건 음의 세력이 70%를 점령했다는 것이다.

모든 건 음과 양의 비율이 중요하다.

지구 구성 성분 중 물이 70%, 육지가 30%이고 인체의 성분 중 건강할 때의 수분량이 70%이다.

바닷물과 인체의 수분 성분도 비슷하다.

바닷물은 태양의 일조량에 따라 성분이 변한다.

인체의 수분도 마찬가지이다. 태양을 받는 양에 따라 피와 수분의 성질이 달라져 건강과 삶의 질이 달라진다.

너무도 중요한 태양을 현대인들은 피하느라 바쁘다.

제약회사의 돈벌이 광고 때문이다.

이렇듯 신체의 양기가 70%일 때 건강하다.

나이가 들어 몸과 마음의 병이 깊은 이들은 수분이 50% 이하로 떨어진 경우가 많거나 수분의 성분이 나빠져 탁해져 있다.

인체의 음적인 에너지가 50%를 초과하면 일반적인 염증들이 중병으로 전환되기 시작한다.

음의 세력이 점점 커지고 양기가 점점 약해져 모든 병이 생기듯 건강한 사람도 음적 에너지가 계속 침범하고 쌓이고 있으므로 건강이 좋을 때 양적인 에너지를 지키고 키워 음양의 조화를 맞추는 법을 터득하는 것이 건강과 삶을 지키는 길이다.

건강할 때 양기를 너무 소모하는 것이 문제다. 번아웃 현상도 예민하면서 에너지가 부족한 사람이 과도한 에너지를 소비했기 때문이다.

자살도 마찬가지다. 우울의 중독에 빠져 자살하는 이가 있고, 순간적인 빙의로 인해 자살하는 경우가 있다.

우울의 중독은 모든 걸 포기하게 만드는 무서운 병이다.

중독과 스트레스는 음의 세력을 한없이 키워 몸과 마음의 병들을 만든다.

자연 에너지인 태양에너지로 음기를 소멸시킬 수 있으며 태양이 왜 중요한지 이치를 먼저 알아야 태양을 가까이할 마음이 생길 것이다.

젊을 때의 무지로 고갈된 원기는 어떤 약과 음식으로 대체할 수 없으며 의식과 영혼에도 문제를 일으켜 다음 생에 또 영향을 미친다.
이렇듯 원기는 전생으로부터 가지고 온 생명에너지이므로 잘 지키고 보존하는 것이 최고다.

에너지가 고갈되어 많은 병마가 몸속 탁해진 혈액 속에 독버섯처럼 자라게 되니, 양기인 태양에너지를 인체 깊은 곳까지 흡수해 음기를 없애야 한다.

모든 병의 근원은 에너지 부족이다

모든 병은 에너지가 부족해서 생긴다.
에너지가 부족하니 기력이 저하되어 피의 흐름이 약해지고 끈적해지며 오장육부와 모든 세포에 염증이 번지고 체온이 낮아지며 신경계들은 교란을 일으켜 내 안의 치유 세포가 도리어 나를 공격한다. 모든 우주와 모든 생명체는 흐름이 약해지면 탁해지고 죽음으로 가는 기차에 탄 것과 같다.

병이 낫길 원한다면 순환을 시켜야 하며 순환을 시키는 동력이 호흡이다.

호흡을 위해 일단 폐의 능력을 키워 고농도 산소를 흡입해야 한다. 산과 친해져야 하며 그곳의 맑고 깨끗한 산소를 코로 깊게 흡입해야 한다. 그러면 폐가 힘을 내고 심장이 살아나 혈액을 말초까지 강하게 보낸다.

맑은 산소를 깊게 호흡하는 것이 혈액과 세포를 깨끗하게 바꿔 주는 중요한 요소이며 기본적으로 에너지를 충전하는 길이다.

인체의 모든 세포는 100일이면 교체된다.

그래서 100일 동안 습관을 바꾸는 것이 중요하고 기본이 된다.

100일 동안 습을 바꾸면 병이 호전된다. 호전된 후 다시 재발하는 건 DNA가 바뀌지 않아 뿌리가 다시 살아나는 것이다.

DNA를 바꾸기 위해선 3년간 바뀐 세포를 유지하는 수련과 수행이 필요하다.

세포는 전생의 습이고 유전자는 전생들의 업이다.

산을 오를 땐 정상을 정복하겠다는 마음으로 빠르게 올라가면 안 된다.

그건 자만과 욕심이 들어가 호흡에 집중할 수 없고 입으로 호흡을 하게 되어 호흡이 차올라 본인의 에너지를 도리어 소진하게 된다.

결국 힘든 노동을 한 것이다.

될 수 있으면 계단이 없는 흙길의 등산로를 한 걸음씩 천천히 올라가고 코로 들숨 날숨을 하며 가슴을 열어 폐를 살려야 한다.

처음부터 무리하게 호흡을 깊고 크게 하지 말고 서서히 들숨의 양과 길이를 늘리면 날숨 또한 깊어지고 강해진다.

호흡이 깊어지면 어깨로 숨을 쉬지 않으며 온몸으로 숨을 쉬게 된다.

어깨에 무리가 가는 호흡은 아직 가슴이 막혀 있으므로 아래쪽에서부터 호흡을 끌어 올리지 못해 입으로 호흡하려 한다.

어깨에 무리가 가지 않게 느린 걸음으로 서서히 산을 오르며 코로 호흡량을 늘려 폐가 열려야 하며 하단전까지 연결된 호흡의 길을 열어 호흡을 내리고 나아가 하단전에서 의식으로 단전호흡을 크게 할 수 있는 집중력을 만들어야 한다.

초급자들은 가슴을 뚫어 주는 단계를 가장 신경 써야 하며 무리하게 호흡량을 늘려선 안 된다.

폐가 살아나 온몸으로 호흡이 되면 날숨을 입으로 강하고 길게 뱉는다. 들숨은 세포를 살리고 날숨은 몸 안의 병을 뽑아낸다.

입은 거의 다문 채 작은 틈으로 길고 강하게 뽑아낸다.

들숨에 고농도의 산소를 주입해 폐를 살리고 폐가 살아나므로 심장이 힘을 내어 혈액을 강하게 내뿜어 준다.

들숨이 강해지면 날숨은 훨씬 강해져 혈액을 말초 신경까지 보낼 수 있고, 혈액이 강하게 돌게 되니 체온이 오르고 혈관과 혈액이 깨끗해진다.

현대인들의 병은 피가 차갑고 탁하고 느리게 흐르기 때문에 생긴 것이다. 피를 강하게 돌리는 것이 가장 중요하다. 그럼 바이러스도 사멸한다.

우주의 모든 것들이 안정적으로 유지되는 이치는 강하고 안정된 순환이다. 순환이 느려지게 되면 우주는 모든 것이 어긋나 폭발하게 된다.

인간의 인체 시스템도 똑같다. 혈액이 강하게 돌면 염증을 녹이고 세포가 재생되며 몸의 자기장이 강해져 바이러스의 침범을 막아주고 사멸시키며 몸 안의 모든 병이 뜨겁게 순환하는 혈액에 녹아내리고 강한 날숨에 병의 근원인 냉기가 빠져나온다.

여기까지만 수련이 되어도 많은 병을 조절하고 방어할 수 있다.

이것이 '경진 호흡'의 기초이자 중요한 단계이며 에너지를 증폭시키는 방법이다.

태양에너지의 기적

치유되지 않는 병은 차크라 호흡에 태양에너지를 실어 돌려야 한다.

중증의 병은 음기의 세력이 너무 강해 내 안의 자동 치유 시스템이 작동할 수 없으므로 바이러스와 염증을 초토화할 수 있는 강한 무기가 필요하다.

그것이 태양에너지이다.

태양에너지는 모든 장기의 병부터 신경, 정신, 영적인 병까지 차갑고 음적인 모든 것들을 소멸시킨다.

차크라 호흡으로 태양에너지를 흡수하려면 집중이 필요하다.

들숨 날숨은 코와 입으로 출입할 뿐이고 육체적 호흡이며 모든 의식을 에너지 블랙홀인 차크라에 집중해 차크라 호흡을 해야 한다. 의식의 집중으로 하는 호흡이며 영적인 호흡이다. 오감의 의존에서 벗어난다.

중증의 병이나 원인을 모르는 병들은 전생으로부터 가져왔거나 유전이거나 영가들에 의한 병으로 신경계를 타고 다니며 잠재의식과 무의식의 깊은 곳에 숨겨져 병명이 나오지 않으며, 의학으로는 치료되지 않는다.

이런 병들은 차크라에 태양에너지를 실어 강한 호흡으로 병을 일으키는 곳에 집중적으로 핵폭탄처럼 투하해 줘야 한다.

탁한 음기의 영적 에너지들이 신경을 막고 있는 경우가 많기 때문에 강한 태양에너지를 투하하면 얼음처럼 녹아내리며 순식간에 신경이 열려 병이 사라지니 가히 기적이라 할 것이다.

전생의 업에서 온 병이나 이번 생의 심한 트라우마로 생긴 정신적인 병들은 깊은 참회와 명상, 몰입 상태에 들면 몸과 마음에 진동이 심하게 일어나 영혼의 상처를 치유하고 리셋시킨다.

고통에서 벗어나려거든 내가 그 원인과 결과에 대해 깊이 공부하고 몰입해야 한다.

경진 치유법은 우주 고차원에서 사용하는 神들의 치유법으로 신념이 강한 이는 수련하면 어떤 병도 스스로 다스릴 수 있고, 깨어나며 의식의 차원 상승과 더 나아가 깨달음의 길로 나아갈 수 있다.

신에 종속되는 믿음이 아닌 우주의 이치를 자연스럽게 아는 것이 진리이며 차원 상승의 길이다. 그것이 믿음이고 깨어남이며 깨달음이다.

신은 당신 안에 있으므로 당신의 의식에 집중하면 만날 수 있다.

절대 밖에서 찾지 마라.

신과 통하는 길을 내 안에서 깨치지 못하고
다른 사람의 말에 의한 앎은 허상일 뿐이다.

깨어남과 의통

치유되기 위해선 생각과 의식의 변화가 먼저 일어나야 한다.

극한 어려움에 처해 있을 때 그 일을 해결해 준 이가 있다면 마음 깊은 곳에서 우러나오는 감사한 마음과 감동이 있을 것이다.

그 감동은 내면 깊은 의식에서 우러나오는 것으로, 이때 강력한 호르몬이 분출된다.

치유에 있어서 희망의 감정과 치유가 되었다는 깊은 감사와 감동을 미리 느낀다면 강한 호르몬이 분비되고 치유 시스템을 작동시켜 큰 도움이 된다.

예를 들면 어떤 불치병의 환자가 믿는 마음이 커 성자를 보는 것만으로 기적적으로 치유되는 현상이다.

이처럼 깊은 내면의 감동과 변화가 생기면 기적의 호르몬이 분출된다.

겉 의식으로 반복하는 가짜 감사는 자율신경계를 작동시킬 수 없고 호르몬이 분출되지 않는다.

자신의 생각을 바꿔 감사와 감동의 작동 원리만 깨쳐도 기적을 볼 수 있다.

오랫동안 굳어진 부정의 의식이 강한 사람은 감사와 감동의 마음을 느끼기 힘들 것이다. 이런 이들은 차크라가 막혀 있고 신경 시스템이 손상됐으므로 태양에너지 명상으로 손상된 차크라를 복구하고 에너지를 충전시켜 신경계를 살려야 한다.

태양에너지 명상은 깊은 의식 속의 부정적 의식과 에너지를 정화해 내 안의 신성이 살아나고 기감이 생기며 영적 치유의 힘이 나타난다.

내가 알리려 하는 건 나만의 의통이 아니라 누구나 자신 안의 에너지를 이용하여 기적의 의통을 이루는 패러다임을 밝히는 것이다.

평생을 빌고 기도하며 주문을 외운다고 의통이 되는 것이 아니다. 집중된 기도와 주문은 에너지를 변화시키는 데 도움을 주어 신비 현상을 나타내기도 한다.

이것이 지금까지 종교와 신비주의 단체들의 신적 존재에 의지하는 수행법이다.

그러나 결국 외부의 존재와 그 존재를 향한 주문에 의지하는 수행과 기도는 내 안에서 이루어지는 에너지의 이치를 깨치지 못해 진정한 의통이 아닌, 한순간 일어나는 신비 현상으로 끝나 내 것이 될 수 없다.

모든 건 자신 안에서 찾아야 비로소 진정한 자신의 것이 된다.

신인 합일

神人合一이라는 것은 화염 속에서 나를 지켜 주는 방화복 같은 수호령이며 인간의 한계를 넘어서게 하는 힘이다.

수호령은 조상신을 말하는 것이 아닌 더 높은 차원의 밝은 에너지를 뜻한다.

지금까지는 조상 수호신이 함께하는 시절이었으나 차원 상승의 시절로 바뀌어 고차원의 수호령 에너지와 함께해야 한다.

나의 에고적 의식과 나와 함께하는 조상신들의 의식이 정화되지 않으면 고차원 의식과 주파수조차 맞출 수 없다.

고차원 에너지와 합일되어 인간의 의식이 상승하면 나와 함께하는 영혼들과 조상들도 같이 상승하여 유전의 대물림에서 벗어나게 된다.

이것이 천도이고 해원이다.

3.

병이 생기는 원리

체온과 질병

　자율신경은 인체의 자동화 시스템으로 균형을 맞추는 역할을 한다. 자율신경계가 불안정해져 정신과 몸에 원인 모를 병들로 고생한다.

　명상이 안정을 취하게 하는 기법이며 나아가 태양에너지 명상으로 에너지를 증폭시키고 신경계를 치유해야 한다.

　혈액은 호흡의 힘으로 강하게 회전시키면 중추신경, 말초신경까지 깊숙이 돌며 따뜻해지고 깨끗해져 신경과 장기들을 치유한다.

　오랫동안 치유되지 않는 병의 근원은 유전자와 잠재의식에 저장되어 있다가 욕심과 미움 불안한 마음이 지속적으로 자극될 때 발현된다.

　불안정한 마음은 뜨거운 에너지를 머리로 올리며 에너지를 고갈시킨다.

　머리의 뜨거운 기운은 몸과 마음에 이상 현상을 나타내고 자율신경에 문제를 일으켜 심장의 박동과 호흡이 불규칙하게 되어 혈의 흐름에 문제가 생기고 체온이 낮아지면서 피가 응고되고 탁해지며 염증이 퍼져 나간다.

　체온이 1도 떨어지면 염증이 기승을 부리고 2도 떨어지면 암이 생긴다. 중증 환자들의 체온이 정상 체온보다 낮은 이유다.

낮은 체온은 모든 병의 시작이며 바이러스들의 안식처이다.

혈액을 돌려 체온을 올려 주고 냉기를 빼 주면 많은 병을 치유할 수 있다.

혈액의 회전력이 면역력이자 치유력이다. 따뜻한 체온은 내 몸에 적군이 들어왔을 때 맞서 싸우는 아군이다.

아직 의학으로 혈액을 뜨겁게 바꾸고 돌리는 방법은 없다. 호흡만이 자율신경을 조절해 혈을 자신의 의지로 강하게 돌릴 수 있으나 거의 모든 사람이 잘못된 호흡으로 살아가므로 병이 생긴다.

강한 운동으로 혈액을 돌릴 수는 있으나 나의 에너지를 소진해 가며 심장을 펌핑시켜 혈을 돌리는 것이고, 태양에너지는 부족한 에너지를 충전시키며 치유한다.

어떤 이는 건강체로 태어나 탐욕과 스트레스에도 병이 늦게 오지만, 민감하고 기력이 약한 이는 바로바로 큰 병으로 악화될 수 있다.

호흡과 체온 유지는 자율 신경이 컨트롤한다.

자율신경은 인간의 생각으로 컨트롤할 수 없다. 몸의 상태에 따라 자동으로 교감신경과 부교감신경이 상호작용을 하며 조절한다.

스트레스를 받거나 극한 상황에 심박수를 높이고 혈류를 증가시켜 산소를 전신에 보내는 역할을 하는 게 교감신경이다. 전쟁 상황이기 때문에 아군을 파병하는 것이다.

부교감신경은 심장박동을 느리게 하여 안정과 평화를 느끼게 하는 역할을 한다. 평화로울 때는 교감과 부교감이 잘 작동하지만 스트레스에 자주 노출되고 화를 많이 내거나 욕심과 분노, 나쁜 생활 습관, 중독 등이 지속되면 자율신경의 부조화가 시작되어 내 몸 안의 군사들은 활동을 하지 못하거나 비정상적으로 활동하게 된다.

그러면 정신적인 문제뿐만 아니라 염증, 암, 신경계, 순환계, 대사질환, 치매, 자가면역 등 약하게 타고난 곳에서부터 문제를 일으킨다.

자율신경을 바로잡고 혈을 강하게 돌려 체온을 높이면 대부분의 성인병이 조절되고 어떤 바이러스도 치유된다.
박쥐는 많은 바이러스를 가지고 있음에도 병을 일으키지 않는다.
체온이 높기 때문이다.

기의 흐름

호흡은 기와 혈을 돌린다.

피가 정상적으로 흐르게 하려면 호흡이 강해져야 한다.

현대 과학이 아무리 발전해도 근본적 치료를 못 하는 이유가 기에 대한 실체를 간과하기 때문이다.

서양에서는 의사와 기 치유사가 동등한 위치로 같은 대우를 받으며 의사가 수술 시에 氣 치유사와 함께 집도하는 병원이 늘어가고 있다.

기는 동양의학인데 서양에서 더욱 연구하고 활용하고 있고 지금은 동양이 그 뒤를 따르고 있는 실정이다.

그럼 보이지 않는 기(氣)라는 존재를 어떻게 운영을 해서 혈을 돌릴 것인가?

바로 명상과 호흡이다.

명상은 과도한 뇌 신경의 활동을 멈추게 하고 머리의 뜨거운 기운을 내려준다. 호흡은 좋은 산소를 세포에 공급해 영양분을 공급하고 혈을 돌려 염증들을 사멸시킨다.

젊고 건강할 때는 호흡 기능이 좋고 혈이 잘 돌아 병을 이겨 낸다. 내 몸 안의 아군이 튼튼한 면역력을 갖고 있는 것이다.

건강한 호흡은 코로 들이마실 때 기의 흐름이 막힌 곳 없이 산소가 온몸 구석구석 전달된다.

살아가면서 에고(집착, 본능, 고정관념, 욕심, 분노)에 의해 호흡은 약해지고 호흡의 길은 막혀 더욱 잘못된 호흡을 하게 되고 신경 시스템은 망가지게 된다.

나이가 들어 순수성을 잃어가면서 경쟁과 욕심, 스트레스에 의해 기의 통로가 막혀 가고 호흡의 통로가 막혀 뜨거운 기운이 상체로 떠올라 하체는 차가워진다.

냉해진 하반신은 힘이 약해지고 가슴과 머리에 뜨거운 기운이 뭉쳐 정신적인 문제와 조울, 공황, 신경과 호르몬에 문제가 생긴다.

가슴은 막히고 횡격막은 굳어 호흡이 약해지고 막히게 되어 숨을 몰아쉬거나 입으로 호흡하거나 불규칙해진다.

뜨거운 기운이 아래쪽으로 내려가 있을수록 건강하다.

대들보의 역할을 하는 하체의 뜨거운 기운은 생명력의 근본이기에 매우 중요하다.

우리나라 사람들은 성질이 급하고 가슴에 화가 많아 겨울에도 얼음을 달고 살며 돈을 최고의 가치로 생각하는 세계 1위의 민족이라는 발표가 있었다.

건강의 가장 기본이 몸을 따뜻하게 해야 하고 행복이 인간과의 관계 속에 있음을 망각한 민족이 되어 버려 심각한 경쟁 속에 개인의 성공만을 위해 살아가는 젊은이들의 몸과 마음, 정신적인 병으로 세계 최고의 자살률을 기록하고 있다.

이런 폐단의 근본이 몸이 차가워지기 때문에 정신 또한 차가워지는 것이다.

몸을 따뜻하게 하는 방법에는 반신욕, 음식 요법, 뜸, 운동, 단전호흡 등이 있고, 영혼과 마음을 따뜻하게 하는 방법에는 명상, 참회, 기도, 감사와 봉사 등이 있다. 이것이 지금까지 정신세계와 종교에서의 자연치유와 힐링법이었다.

그러나 이제는 이 수행법만으로는 강해지고 독해진 바이러스나 세균 등 육체와 정신의 원인 모를 병들과 고통을 치유하기엔 역부족이다.

생존의 시대에 들어섰고 힐링을 넘어 강한 치유법이 필요하다.

그것이 태양에너지 명상과, 태양에너지 호흡이다.

당신이 神이다

누구나 자가 치유의 능력을 갖고 있다.

이 사실을 인지하면 고통을 조절하고 치유할 수 있게 된다.

나라는 에고를 버리면 자신이 신이라는 걸 알게 된다.

대부분 자신은 절대 신이 아니라는 쇠사슬에 묶여 있다.

이런 생각을 하는 것조차 죄가 되어 금기시되었다.

인간은 음과 양이 공존하므로 선과 악이 함께하는 불완전하고 나약한 존재다.

그래서 神에 의지하게 되고 神이 되는 길은 포기해 버렸다.

神이 원하는 건 모든 영혼이 차원 상승하여 신이 되는 것이다.

오감에 의지하게 되면 에고는 강해져 神의 에너지와는 멀어지게 된다. 하지만 이치를 알게 되면 의식이 상승하여 고차원 에너지와 함께하게 되고, 인간의 관념에서 스스로 한계를 만들어 놓은 능력을 넘어서게 된다.

이것이 神과 함께이며 곧 당신이 반신반인(半神半人)이 되는 것이다.

끌어당김의 법칙 – 생각한 대로 이루어진다?

요즘 끌어당김의 법칙이나 시크릿같은 상상의 힘을 말하는 책들이 유행이다. 그런 법칙들이 의식 성장에 있어 중요한 에너지 이용법이기도 하다.

그러나 생각만을 끌어당긴다고 모든 것을 이룰 수 있는 것은 아니다. 상상만으로 이루는 차원은 고차원 존재들이 쓰는 에너지 이동 시스템이다. 이론적으로는 가능하고 쉽지만 그만큼의 수행과 수련이 되어야 가능하지, 절대 쉽게 생각해선 안 된다.

3차원 지구에선 물욕으로 꽉 찬 인간의 상상으로 물질이 당겨지지 않는다. 끌어당김이 이루어지려거든 온전히 마음이 비워져 생각만으로 시공간을 당길 수 있는 에너지를 운용하는 수련이 있어야 한다.

3차원 지구는 음과 양의 모든 것들을 체험하는 곳이다.
그만큼 체험과 실행이 중요한 별이다.
지구 3차원계는 씨를 뿌리고 길러서 수확해야 하는 3단계의 육체적 실행이 되어야 물질을 얻을 수 있는 곳이다.

아무리 생각하고 확언한다고 물질을 끌어들일 수 있는 시공간이 아니다. 더 정확히는 아직 인간 의식이 텔레파시로 이룰 수 있는 초의식이 아니다.
3단계의 육체적 실행과 시간이라는 운이 만나야 시공간의 물질을 얻을 수 있다. 3단계의 실행을 열심히 했는데도 이루지 못함은 수확의 때가 아니기 때문이다. 씨 뿌리고 열심히 키워도 겨울이라는 시공간에는 열매가 없는 것이다.

너무 쉬운 듯이 정확한 이치와 실행력에 대한 구체적 수련법이 없이 모든 걸 이루어 줄 도깨비방망이인 듯 유행에 휩싸인 희망팔이에 불과하게 되어 많은 이들에게 초월적 정신의 능력에 대해 실망만 줄 뿐이다.

끌어당김이 이론적으로는 맞지만 그에 따른 엄청난 의식 혁명의 수련이 필요한 것이다. 내가 상상하는 것을 현실처럼 스크린에 띄워 증강 현실로 만드는 훈련이 되어야 한다.

물질을 끌어당기고 싶은 마음은 결국 개인적인 욕망과 욕심에 의한 것이다. 성공이든 물질이든 그에 맞는 에너지가 필요하다.

성공을 이룬 이들은 그 성공을 위해 수없이 노력하였고 그에 맞는 에너지가 함께하고 있다.

어두운 의식으로는 큰 에너지가 함께할 수 없다. 욕심으로 어두운 에너지와 함께하여 한순간 재물을 얻었다 해도 절대 오래가지 못한다.

물질은 모든 인간의 욕심이라는 강한 에너지가 뭉쳐 있으므로 기본적으로 누구나 끌어당기려 하고 있지만, 타고난 재물의 에너지가 강한 이가 거의 대부분을 차지하게 된다.

그러나 모든 이가 재물만을 쫓고 있어 불행과 고통에 휩싸인다.

자신만의 에너지를 찾아 그곳에 몰입해야 행복을 찾을 수 있다.

상상만으로 바라는 것을 이루었다는 사람들은 노력과 시간이라는 운(運)이 맞아 줬기에 가능한 것이다.

재물은 모든 사람의 욕망이 담겨 있으므로 에너지가 무겁다.

물질을 끌어오기 위해선 많은 사람의 마음과 에너지를 움직여야 하고 시간이라는 운이 맞아 줘야 한다.

물질은 상상과 확언만으로 마술처럼 오지 않는다.

실패를 거듭하지 않고서는 발전이란 있을 수 없는 게 3차원의 기본 이치이다.

끌어당김은 의식의 전환이 있어야 한다. 끌어당김의 궁극적인 목적은 긍정이다.

긍정적인 생각이 반복되어 커지면 잠재의식이 동조해 가난과 병마, 고통 등 음적인 에너지를 없애 주고 내가 원하는 것을 이룰 수 있는 씨앗이 된다.

겉 의식, 뇌 의식만 속여서는 근본은 해결되지 않고 플라시보 효과만 있을 뿐이다.

깊은 의식에 자리 잡은 음적인 에너지를 녹일 정도의 긍정의 힘이 강해져야 내가 원하는 것을 현실화시킬 수 있고 운명을 바꿀 수 있다.

병의 치유에 있어서도 자신의 병을 현실감 있게 바라보고 바이러스나 염증을 녹여 내는 현실적인 상상이 치유하는 데도 엄청난 힘이 되어 기적이 일어난다.

외부의 물질이나 재물을 끌어당기는 데 있어 상상의 힘은 30%의 힘을 발휘하고 진동이라는 실행력이 70%를 차지한다.

자신의 몸과 마음을 치유할 때는 상상의 힘이 70% 이상도 확장 시킬 수 있다. 내 안의 에너지를 변화시키는 것이므로 믿음과 상상이 큰 힘을 발휘할 수 있다.

> 끌어당김의 법칙은 상상이라는 씨를 뿌리는 단계이다.
> 행동과 실행은 기르는 단계이며
> 시간이라는 운(運)이 수확의 때이다.

주파수와 진동

자신의 몸을 치유하려면 몰입의 주파수와 태양에너지를 흡수해 진동을 일으켜야 한다.

태양의 뜨거운 열과 에너지를 흡수하면 몸에서 진동이 일어나 내 몸의 치유 시스템이 살아나고 태양에너지의 강한 살균 작용으로 귀신도 바이러스도 신경도 스스로 조절하고 재생할 수 있다.

음기를 사멸시키고 조절할 수 있는 양기는 태양에너지밖에 없다.

경진 치유법은 주파수를 맞추는 집중의 단계와 진동의 단계가 있다. 예를 들어 척추에 통증이 있다면 통증에 나의 모든 신경이 몰입되어 뇌에서 고통의 신호를 보내 더욱 큰 불안과 공포로 통증이 배가 되어 악순환을 일으킨다. 주파수가 통증에 몰입되어 있는 것이다.

그 통증을 3자 입장에서 바라보고 통증을 일으키는 부위에 집중하여 주파수를 맞추고 강한 날숨으로 통증의 냉기들을 빼낸다.

음기가 통증의 부위에서 빠져나가는 걸 느끼면서 통증은 줄어들게 된다.

단순한 플라시보 효과가 아닌, 강한 의식의 몰입과 호흡으로 통증을 일으키는 탁한 에너지들을 실질적으로 빼내는 것이다.

아직 호흡의 힘이 약해 통증의 뿌리가 뽑힌 것이 아니므로 시간이 지나면서 다시 통증이 올라온다. 이때 포기하지 말고 계속해 나가야 한다.

반복 훈련으로 통증은 눈에 띄게 줄어들고 불안과 고통은 사라져 호르몬이 생겨나 더욱 강력한 태양에너지 치유에 들 수 있는 힘이 생긴다.

호흡과 태양에너지를 흡수하는 이치를 알면 스스로 집도의가 될 수 있다.

> **태양에너지는 상상의 에너지가 아닌 실질적 에너지이다.**

좌뇌의 번뇌를 멈춰야

인간의 번뇌와 두려움 욕심 등 모든 부정적인 생각과 '나'라는 의식이 강해지는 건 좌뇌를 과도하게 쓰기 때문이다.

인간의 진화와 발전에 의해 좌뇌가 발달되어 유전자에 프로그래밍되어 있다.

차원 상승의 길, 깨어남의 길은 좌뇌의 활동을 멈추면 보인다.

좌뇌의 극단적인 활동은 탐욕과 경쟁을 부추기며 물질계를 발전시키지만 결국은 파멸로 이끈다.

좌뇌는 '너와 나'라는 이분법적인 사고를 하게 하며 미움과 투쟁의 마음이 일어나게 되며, 상식선에서의 상생을 외치지만 서로 경쟁자일 뿐이며 나의 욕심에 의한 에고와 탐(욕심), 진(성내는 마음), 치(질난 마음)가 강해진다.

좌뇌의 활동을 멈추면 나라는 에고 의식이 멈춰져 밝은 에너지와 합일이 되며 우주가 하나임을 깨닫게 되고 그때야 사랑과 자비의 의미를 알게 된다.

좌뇌와 우뇌의 활동이 균형을 맞추고 에고가 사라져 나라는 의식이 멈출 때 영적 의식이 살아나게 되고 고통에서 벗어나게 되어 행복을 느끼게 된다.

좌뇌는 모든 현상을 분석하고 파헤쳐 아직 오지 않은 미래를 미리 걱정하게 만든다.

집중과 몰입 무아지경에 들어가면 좌뇌의 활동이 멈춘다.

이것의 시작이 명상이다.

처음 시작하는 명상은 몸과 마음을 내려놓고 가부좌 틀고 앉아 눈을 감는 것을 명상이라 하지만, 숙달이 되면 어느 자리 어떤 상황에서도 내 깊은 의식과 호흡에 몰입하게 된다.

대부분의 현대인들은 물질과 겉치장에 몰입하여 끝없는 번뇌와 공허함, 괴로움, 남과 비교하며 상실감에 의해 고통에서 벗어나지 못한다.

에너지를 바르게 세우는 명상과 호흡에 몰입하면 의식이 깊어져 나라는 이기적인 에고에서 벗어나게 되고 이치를 알게 되어 고통에서 벗어나며 깨어남의 시작이자 3차원에 살며 천국을 보는 첫걸음이 된다.

이 모든 것이 내 의식과 내 몸 안에서 이루어지는 시스템인데 밖에서의 구원을 찾고 있다.

좌뇌와 우뇌의 관계는 과학에서 밝혀진 바는 없다.

여기서 좌뇌와 우뇌라는 표현은 어느 한쪽으로 과도하게 치우치면 안 된다는 의미이다.

> 치유와 끌어당김의 상상도 한쪽으로 심하게 치우쳐진
> '나'라는 아상(我相)과 에고가 멈춰야 작동한다.

카르마와 윤회

카르마를 업(業)이라고도 한다.

업이라 하면 대부분 부정적인 의미로서 고통의 원인이라고 생각한다.

업은 나와 조상들의 데이터이다. 선업, 악업, 내가 했던 생각과 행위, 자신이 인지하지 못하는 깊은 의식 속의 의도가 쌓여 만들어 놓은 것이다.

그 의도가 잠재의식에 쌓이고 양심 안에 저장되어 유전자를 형성하게 되고 세포를 만든다.

선업이 강하면 같은 주파수를 끌어들어 선업을 더욱 키우고 발전시킨다.

그렇다고 해서 福만 받고 즐거움만 있는 것이 아니라, 그 안에 남은 음적인 카르마로 인해 또 다른 고통의 숙제를 가지고 오기도 하거나 영적 성장을 위해 극한의 미션을 가지고 오기도 한다.

너무도 선한 사람이 이번 생에 너무 큰 고통을 겪는 이들이 있다.

이들은 처음엔 비록 원망의 마음으로 살다가도 결국 받아들이고 남아 있는 음적인 카르마를 해결하기 위해 지옥 같은 현실 속에서 빛을 찾는다.

빛을 찾고 고통의 해결책을 찾은 이들의 의식은 더욱 성장되고 더 큰 의식의 에너지체로 차원 상승하게 된다.

악업이 강하면 악업을 더욱 행하며 악한 능력을 키워 나간다.

여러 생을 거쳐 그렇게 커진 능력으로 많은 이들을 고통에 빠트리며 호의호식하는 경우가 많다.

인간의 눈으로는 악인들의 힘이 꺾이지 않을 듯 보이지만 업은 나와 함께하는 그림자이므로 오늘의 업이 내일 당장은 아니더라도 순환의 이치에 의해 대가를 꼭 치른다.

이들의 조상 또한 많은 악업을 연구하고 행했을 것이고 주파수가 통하는 자손에게 유전자로 그 악업을 물려주어 계속 연구하고 행한다.

조상과 나는 공동 운명체이다.

맑은 영혼을 가진 이가 큰 공부를 위해 악한 조상의 줄기를 타고 내려와 고통을 받으며 악한 조상들의 업을 정리하고 고통의 해결법을 찾기 위해 오는 경우도 있다.

이렇듯 업이라는 것은 얽히고설키며 복잡 다양하다.

현대인들은 교육과 본능에 의해 처세술에 능하고 자신을 감추고 변신하는 데 능하다.

앞에서는 웃지만 깊은 의도는 전혀 다를 수 있다.

그 의도가 카르마, 업으로 양심에 저장되어 인성과 의식과 운명까지 결정짓는다. 이것이 윤회를 만드는 고리이다.

'쥐구멍에라도 들어가고 싶다'는 말이 있다.

인간은 죽을 때 자신의 삶의 과정을 세세하게 바라보게 된다.

살아생전에 좋은 마음 나쁜 마음 등 수많은 의도를 가지고 살았겠지만, 주를 이루었던 생각이나 강한 집착 등 오래 가지고 있던 의도가 너무 부끄럽게 보이는 장면이 있다.

다행히 부끄러움을 느꼈다면 전생의 고통스러웠던 굴로 다시 들어가지 않고 만회할 수 있는 다른 환경으로 태어날 수 있다.

불행히도 많은 죄를 짓고 그 장면을 보고도 부끄러움이 없거나 오히려 희열을 느낀다면 전생과 같은 파장의 빛을 따라가게 된다.

그 빛은 전생보다 훨씬 열악한 곳으로 인도하게 되고 더한 악행을 저지른다. 양심이 없는 이들이 이런 경우이다.

그 사람의 의도가 업이고 카르마이며 그로 인해 윤회의 고리가 만들어지고 악한 양심이 계속 연결되어 더한 악행을 저지른다.

> 사후 나의 의도를 보게 된다는 건 아주 무섭고 끔찍한 일이다.
> 항상 자신이 인지하지 못하는 깊은 의도를 관찰해야 한다.

빙의

빙의란 수명을 다하지 못하고 원한과 욕심, 집착이 너무 강한 상태에서 죽거나, 분노에 휩싸인 채 죽거나, 중독되어 죽거나, 고통 속에서 죽음을 맞이할 때 빙의령이 된다.

귀(鬼)가 되는 것이다.

빙의령은 아직 자신이 죽은 줄도 모르는 상태가 많으며 인간의 삶을 원하기에 숙주가 필요하다.

그래서 자신과 주파수가 맞거나 유전자가 섞여 있는 자손과 하나 되어 살아생전 원하는 것을 자손의 몸이나 숙주의 몸을 통해 그대로 행한다.

그럼 그 숙주는 스펀지에 물이 스며들 듯 음기, 냉기가 기와 혈, 신경과 오장육부에 얼음덩어리로 자리 잡아 병이 생기고 정신이상이 되거나 폐인이 되거나 자살 충동을 느끼게 된다.

숙주의 약해지고 차가워진 신경계를 파고들어 만 가지 병을 일으키는 음기 가득한 귀(鬼)이다.

귀문이 열려 있거나 민감한 사람이 어떠한 충격을 받거나 스트레스가 심해 체온이 떨어지고 몸을 보호하고 있는 오라장이 금이 가면서 음기 가득한 장소에서 나와 관계없는 빙의령들이 파고들어 오기도 한다.

등골이 서늘해질 때 신경계를 타고 바이러스가 침범하기도 하며 평소 음적이며 비관적인 사람, 예민한 사람의 정신과 마음에 파고들기도 한다.

빙의 체질의 사람들은 항상 몸과 마음을 따뜻하게 보호해야 하고, 초기 단계에서 빨리 대응해야 하며 자신의 몸과 마음을 뜨겁게 만드는 수행을 계속해 주어야 한다.

이제 빙의는 특이한 사람만 겪는 게 아닌 일상적인 병이 되었다.

사실 많은 이들이 큰 틀에서 빙의라고 할 수도 있다.

조상의 안 좋은 유전자를 이어받아 그 조상의 많은 부분을 닮고 행하기 때문이다.

원귀가 되는 이유는 살아생전 고통이나 욕심이 죽는 순간까지 이어져 고통스럽거나 무거워진 마음 상태 그대로 영혼이 되는 것이다.

분노와 고통으로 불타는 영혼의 상태가 되고 욕심과 어리석음의 무겁고 탁한 에너지 때문에 원귀가 되어 인간에게 기생한다.

자살자들의 경우는 빙의된 상태가 대부분이며 빙의령에 의해 갑작스러운 충동을 일으키게 된다.

건강했던 이도 갑작스럽게 큰 충격과 고통을 당하면 본디 가지고 있는 자신의 보호막에 균열이 생기면서, 기가 위로 뜨고 신경계에 교란을 일으켜 저차원의 차가운 에너지가 순식간에 침범하여 나의 의지가 상실되며 우울 속에 순간적으로 극단적인 선택을 한다.

높은 곳에서 떨어지는 경우 뛰어내리는 순간 혼백이 고압의 전기 충격과 같은 고통을 느끼며 소스라치게 놀라 몸에서 빠져나오면서 그 자리에서 벗어나지 못하고 그와 비슷한 인간을 기다렸다 빙의되어 같은 충동을 일으킨다.

내 의지로 이겨 내기 힘들고 감당할 수 없는 정도의 고통이 점점 다가오면 빨리 도움을 청해야 한다.

고통받는 이의 깨져 가는 오라장에 따뜻한 에너지를 주입해야 한다.

평소에 태양에너지 호흡 수련이 되어 있으면 빙의령이 들어오지 못하며 극한 상황에 처해 극단적인 순간이 닥쳐도 태양에너지로 냉기와 빙의령들을 제거하여 스스로 벗어날 수 있다.

어느 무속인이 있었다. 몸이 너무 아프고 풍파가 심해 점집을 전전하다 결국 신내림을 받게 되었다.

배우 출신의 유명 무당에게 신내림을 받으며 전 재산을 들여 내림굿을 하고 신당을 차렸다. 처음엔 병이 나아지는가 싶더니 몸은 또다시 더 아프고 신(神)아버지인 배우 무당과는 결별했고 나에게 가끔 와서 이야기도 듣고 나름 정성을 보이기도 했지만 특별히 치유를 해 주진 않았다.

아직 마음속엔 신의 제자라는 교만이 있었기 때문이다.

어느 날 저녁, 내가 어머니와 집으로 가던 중 그 무속인에게서 전화가 걸려 왔다. 다급한 목소리로 "선생님, 한 번만 살려 주세요!"라고 한다. 너무도 애절한 목소리에 차를 돌려 어머니와 함께 그 무속인의 신당으로 갔다.

3명의 여자가 뒹굴며 격렬한 몸싸움이 벌어지고 있었다.

한 명은 상담받으러 온 환자, 또 한 명은 환자와 함께 온 보호자, 한 명은 무당이었다.

환자가 난동을 부리는데 무당과 보호자가 환자를 제압하지 못하고 셋이 엉겨 나뒹굴고 있었다.

빙의 환자들은 여자여도 힘이 장사가 된다.

신당에 들어가 환자의 이마에 손을 대니 잠잠해진다.

"몸이 치유되면 앞으로 사람 살리는 공부를 해 사람들을 도우시겠소?"라고 묻자 울음을 터뜨리며 살려달라고 한다.

따뜻한 에너지에 빙의령은 물러나고 그 여인으로 돌아왔다.

그녀에게 "어렸을 때 산에서 몹쓸 일을 겪으셨군요."라고 하니 통곡을 하며 그렇다고 했다. 보호자로 같이 온 올케는 모르는 사실이었다.

어릴 때 겪은 사건의 충격에 순간적으로 영혼의 보호막이 깨지면 음기들이 몸으로 침범하게 된다. 강한 충격과 공포를 겪으면 몸을 보호하고 있는 오라가 순간적으로 깨지거나 금이 가고, 음기는 그 순간을 놓치지 않고 파고들어 온다.

빨리 에너지를 보충해 주거나 제거하지 않으면 빙의가 되고 트라우마가 되어 발작과 폭력, 정신이상이 오거나 그 빙의령이 가지고 있는 기질 그대로 살아가는 것이다.

결혼은 하여 자식도 있는데 남편은 이미 아내의 치료를 포기한 상태라 올케가 점집에 데리고 다니는 것이다.

본인은 치료받고 공부하여 새 삶을 살고 싶다고 얘기하던 중에 남편이 들어왔다.

남편을 보니 여간 어리석은 자가 아닐 수 없었다.

'치료가 안 되겠구나…' 속으로 생각하고 있는데 남편이 공부시킬 생각 없다며 무작정 아내를 끌고 나가는 것이었다.

에너지 수련을 한 이들은 극심한 빙의 환자를 대했을 때 손바닥으로 이마와 가슴에 따뜻한 에너지를 주입해 주면 냉기인 빙의령은 잠잠해진다. 공황이나 발작을 일으키는 이에게도 따뜻한 에너지를 주면 서서히 진정된다.

가족 중 이런 증상을 겪고 있는 이들이 고통스러워할 때 따뜻한 손으로 이마와 가슴에 손을 대고 뜨거운 에너지를 넣어 주는 상상을 하면 효과가 있다. '엄마 손은 약손'이라는 말이 미신적인 이야기가 아니다.

치유하려면 가족들의 도움이 절실히 필요하다.

그래야 치유도 할 수 있고 공부도 하여 새 삶을 살 수 있다.

몸과 정신이 병들어 치유가 안 되는 이들은 정신세계 공부를 해야 한다. 자신이 누구인지 알고 전생의 업과 상처들을 치유해야 하고 다른 이들을 돕고 살려야 하는 것이 이번 생의 목적이다.

목적을 달성하지 못하고 다음 생, 다음 생… 미뤄지면서 저차원의 동굴 속으로 계속 들어가게 된다.

신병과 천도

우리 민족은 칠성에 의지하고 기도하는 민족으로 영적인 기감이 강하며 내 자손에 대한 집착이나 대물림이 강하다.

조상 중에 도를 닦았거나 도사였거나 무당이었거나 스님이었거나 치유사 일을 나쁜 의도로 행했던 이의 업과 습이 주파수가 맞는 자손에게 대물림되어 집착의 에너지체로 자손의 몸을 빌려 못다 한 원을 이루려 대물림된다.

이런 경우 사이비가 되거나 선무당이 된다.

무당은 5차원계의 조상신이 도가 많이 닦여 7차원계의 천신(天神)들의 능력을 끌어올 수 있어야 무당이라 할 수 있다.

안타깝게도 이런 무당은 극소수이다.

조상신은 나와 같은 배를 탄 나의 뿌리이지 神이 아니다.

조상신은 인간이 죽어 자손에게 신 대접을 받는 인신령(人神靈)으로 귀(鬼)에 신(神)을 붙여 鬼도 아니고 神도 아닌 중간의 귀신(鬼神)인 것이다.

귀신(鬼神)이라는 단어를 사람들은 싫어하고 무서워한다.

반면 神이라는 단어는 무작정 숭배하거나 이루게 해 달라는 구복 신앙의 대상으로 여기는 것이 지금의 실태이다.

귀신은 무서운 존재가 아니라 나의 조상이자 부모이다. 나에게 해를 끼치려는 존재들이 아니다. 조상은 나와 유전자로 연결되어 있고 영적으로도 연결되어 있다.

鬼神이 되지 못하고 鬼가 되었을 때 강한 음기로써 인간에게 해가 되는 것이다.

요즘 많은 젊은이가 신병이라는 진단으로 무당이 되고 있다.

의식 수준이 낮은 神선생들의 무분별하고 잘못된 신내림으로 인생을 망치는 경우가 많다.

빙의령을 받거나 능력이 없는 조상신을 받는 경우도 많다.

이런 경우에도 점사는 볼 수 있지만 오래가지 못하고 헤매다 거짓 점사를 봐야 하는 경우가 허다하다.

무당은 영적 치유사로서 중요한 역할을 해야 한다.

인간 제자의 의식 수준에 따라 그에 맞는 조상이 함께한다.

그 탁한 자손 의식에 오는 조상신 역시 탁하여 빙의령일 뿐이다.

내림을 하지 않아도 진짜 무당이라면 벌써 남다른 능력이 나온다.

신병이 있다고 섣불리 받으면 안 된다. 신병이 있는 사람은 자신의 탁한 에너지와 조상들의 탁한 에너지를 정화하여 같이 차원 상승해야 하며, 영적인 세계와 에너지 공부를 하여 사람을 돕는 일을 해야 한다.

어차피 들어올 조상신은 내림굿을 하지 않아도 함께하게 된다.

다만 그 조상신들이 들어올 수 없을 정도의 탁한 빙의령들이 막고 있기 때문에 탁한 에너지들을 정화하면 뜻을 가진 조상신들은 자연히 합일할 수 있게 된다.

내림굿이란 무속 세계에서의 의식이지, 그 길만이 답이 아니다.

높은 차원계의 神은 몸주로 오지 않고 에너지로 통한다.

그 신들은 이치와 진리를 공부하게 하며 의식을 상승하게 하여 인간을 위한 도를 펼치게 하며, 그와 함께하는 조상들도 같이 차원 상승하게 한다.

이제는 이치와 진리를 드러내는 세상으로 점쟁이가 되는 세상이 아니다.

젊은이들은 신내림을 받는 데 신중해야 하며 조상들을 차원 상승시키는 수행을 하여 진리와 이치를 공부해 많은 이들을 돕는 일을 해야 한다.

무병과 빙의에서 벗어나려거든 주파수와 진동을 높여
의식과 에너지를 차원 상승시키면 빙의령은 정화되고
조상신은 자손과 같이 차원 상승되어
대물림의 집착에서 벗어나게 된다.

어느 날 한 여인이 찾아왔다.

영적인 세계의 공부를 하고 싶어 나의 제자가 되겠다고 한다.

찬찬히 보아하니 귀신들에 휘감겨 있었다.

조상령들부터 낙태아, 인연 없는 악령 등 셀 수 없이 많았다.

귀문이 열려 있다 보니 관계없는 객귀들까지 수도 없었다.

날마다 남자를 바꿔 잠을 자야 했고 신병에 시달려야 했다.

문제는 남편과 아이도 있는 유부녀인 것이다.

본디 성정이 여리고 착한 사람이다.

한 달 후 신내림을 받기로 날을 받았다고 했다.

이미 귀문은 열려 점사를 볼 수 있었다.

"자네는 나의 제자가 아니네." 하고 돌려보냈다.

다음날 다시 찾아와 치료받기를 간곡히 원해 일단 빙의령들부터 정화하게 되었다. 많은 빙의령들이 나왔다.

격렬히 저항하는 鬼, 하늘로 올려 달라고 애원하는 鬼 등 며칠 동안 수도 없이 뽑아냈다.

날마다 남자를 바꿔야 했던 이유는 젊어서 죽은 고모의 鬼이다.

색기 있는 고모가 시집도 못 가 보고 비명횡사한 것이다.

인과가 없는 건달 객귀는 밤마다 나이트에 다니며 남자들과 놀며 붙어온 鬼였다. 격렬히 저항하며 거짓으로 버티고 숨어들어 결국은 태양에너지로 소멸시킬 수밖에 없었다.

두 할머니가 몸주로 자리 잡길 원하고 있으나 아직 능력이 안 되는 조상들이라 돌려보냈다. 그렇게 빙의령들이 많기도 쉽지 않다.

한 달이 지나 내림굿 하는 날 같이 가 주십사 하는 요청에 동행했다.

아침 9시부터 밤 12시까지 내림굿은 계속되었지만 아무 반응이 없자 神엄마가 묻는다.

"너 혹시 퇴마 받았니?"

하루 종일 내림굿을 해도 반응이 없으니, "너 그런 거 받으면 큰일 나!" 하고 호통을 치는 것이다.

제자 몸에 鬼가 있는지 鬼神이 있는지도 모른 채 주먹구구식으로 내림굿을 하는 게 무속계에 만연한 현실이다.

이틀간의 내림굿은 아무 성과 없이 끝나게 되었고 여인은 무당의 길에서 벗어나 평범하게 살며 나름대로 공부하고 지낸다고 한다.

요즘 젊은이들이 선무당이 되어 간다. 참으로 안타까운 일이다.

젊은이 중에 무당이 되어 돈 벌고 싶어 하는 이들도 많은 실정이다.

신의 풍파가 있는 이들은 세상에서 일상적인 삶을 사는 게 힘들다. 의지할 곳, 기대어 볼 곳이 무당집밖에 없었으니 무당이 될 수밖에 없었다.

하지만 제대로 된 무당이 1%도 안 되니 문제다.

지금은 지구의 차원이 변하는 시기다.

귀신을 받는 때가 아닌 차원 상승해야 하는 때이다.

이제 이치와 진리를 깨치지 못하면 귀신도 인간도 저차원으로 들어간다.

불안, 불면, 공황장애

불안과 공포가 계속되면 자율신경계에 문제가 생기고 오작동을 일으켜 심장과 폐에 압박이 가해지고 기가 위로 뜨게 되어 혈류도 같이 따라서 뇌로 몰리게 된다.

이런 뇌는 각성 상태에 들게 되고 불안한 생각이 현실처럼 느껴지며, 심장은 더욱 불규칙적으로 뛰며, 하체는 차가워지고, 차크라는 손상되어 영혼과 정신은 전기 고문을 받는 듯 고통스러우며, 호흡의 이상을 가져와 불안과 공포가 꼬리에 꼬리를 물고 불면에 시달려 더욱 큰 불안을 만들게 된다.

계속된 불안한 상상은 현실화를 만들게 된다.

좋은 상상이나 나쁜 상상이나 강한 상상의 몰입은 현실로 만들어 가는 씨앗을 뿌리는 단계이다.

불안과 공포는 공황장애로 발전하고 예민하고 민감하거나 남을 의식하는 사람은 자책감으로 자신의 오라장, 즉 보호막을 손상시켜 영적인 문제까지 시작된다.

그리하여 조울증, 빙의, 정신이상으로까지 진행된다.

사람은 각자가 타고난 능력치가 다르고 저항력이 다르다.

그러나 현대 사회는 일률적인 학습과 교육으로 각자 높은 기대치를 갖고 있고 남과 비교하며 경쟁에 내몰린다. 나의 삶과 나의 길을 찾아야 한다.

저항성이 약한 사람, 예민한 사람은 갑작스러운 어려움이 닥치거나 스트레스에 노출되어 한계에 다다르면 심장이 죽을 것처럼 조여들며 호흡이 되질 않는다.

호흡이 안 되면 산소 공급이 안 되고, 세포는 괴사되어 신경계에서 잘못된 신호를 보내게 되고 영적인 병으로 발전한다.

절대 공황장애로 인해 죽지 않음을 내 의식이 인지하고 있어야 하고, 눈을 감고 불처럼 타오르고 있는 마음을 바라봐야 가라앉힐 수 있다.

타인의 시선처럼, 즉 삼인칭 시점에서 나의 증상을 바라보며 자율신경을 조절하는 훈련을 해야 한다. 명상과 호흡이 치유의 시작이다.

고통을 진짜 고통으로 느끼면 더욱 깊게 빨려 들어가 늪에서 벗어날 수가 없다.

공황은 자율신경의 교란으로 숨을 못 쉬어 산소 부족으로 죽음에 직면하는 고통이다. 가짜 상황이라는 걸 알아차려야 하고 산소 공급을 해주어야 한다.

위로 떠 있는 뜨거운 氣를 내리는 명상과 고농도의 맑은 산소를 들이마시는 호흡 훈련이 기본적으로 돼야 한다.

폐가 살아나고 호흡이 깊어지면 신경계가 안정을 찾는다.

양기인 태양에너지를 흡수하여 심장 안에 있는 검은 에너지를 떠올려 날숨에 빼내 주어야 한다.

상상하는 이미지가 강하고 날숨의 크기만큼 회복 속도는 빠르다.

정신과 마음의 병들은 기가 위로 떠 자율신경에 문제가 생긴 것이다. 코와 폐의 육체적 호흡으로 세포를 먼저 살리고 의식의 호흡, 즉 에너지의 블랙홀인 차크라(단전) 호흡이 되어야 신경이 살아난다.

병이 왔을 땐 세상일을 많이 내려놓고 이치를 배우고 나를 돌아보며 참회의 눈물을 흘리는 만큼 병이 치유된다.

> 내 몸과 마음이 내 것인데 내가 마음대로 하지 못한다.
>
> 에너지를 운영하면 어떤 병이라도 스스로 치유할 수 있다.

어느 방송인의 이야기다.

계속적인 성공의 압박에 긴장과 공포의 시간이 길어져 몸과 정신에 문제가 생기기 시작했고, 급기야 가위눌림과 환청, 공황장애와 불안, 불면, 극심한 통증과 이상 현상 등 심한 고통에서 헤어나질 못하고 있었다.

현실을 헤쳐 나가야 하는 그의 상황과 욕심이 병을 키운 것이다.

약으로 해결할 수 없었으며 '신경성'이란 진단과 '공황'이라는 진단밖에 나오질 않았다.

더 이상 일을 할 수 없을 정도의 고통이었으나 누구에게도 말할 수 없는 상황이다.

원인은 자신의 역량을 넘어선 에너지 소모로 자율신경이 완전히 역반응을 일으키고 있는 것이다.

정신적인 에너지 소모가 심해 기가 위로 뜨고 머리는 뜨거워져 자율신경이 교란을 일으켜 호흡이 안 되고 산소 공급이 안 되니 모든 신경계와 장기들이 차가워지고 오작동을 일으킨다.

신경계들이 오작동을 일으키니 긴장감이 드는 순간 사지가 내 생각대로 움직이질 않고 전기신호들의 교란으로 환청과 환시에 시달리며 미친 사람처럼 화를 낸다.

여러 도사에게서 퇴마와 빙의 치료 등 영적인 치료에도 전혀 효과가 없었다 한다.

이렇게 의식과 신경계 모든 장기의 이상과 영적인 문제까지 복잡 다양한 병의 근원을 종교와 무속, 의학에서 해결할 수 없는 인체와 영혼의 종합적인 메커니즘이다.

병의 근본적인 원인은 에너지 고갈이며 과부하로 신경계 교란으로 뜨거운 기가 위로 뜨는 것이다.

해결책 또한 기를 내리고 에너지를 충전해야 한다.

어떤 치료에도 효과를 볼 수 없어 태양에너지 치유를 시작하게 되었다.
먼저 사회 활동을 거의 줄이고 자신의 교만과 욕심을 보는 시간을 갖고 태양에너지 명상으로 떠 있는 기운을 내리고 안정시키는 훈련에 들었다. 조금씩 안정을 찾아가자 태양에너지를 느끼고 몸 안으로 끌어들인다.

에너지를 조금씩 느끼게 되면서 호흡 훈련이 시작되었다.
서서히 폐와 심장을 살려 호흡량이 커지니 그 호흡에 태양에너지를 실어 몸 안으로 흡수한다.
차크라는 블랙홀과 화이트홀의 역할을 하므로 태양 빛을 차크라에 집중하여 끌어당기면 강한 에너지 줄기가 검게 변한 신경들을 정화한다.

태양에너지를 호흡으로 돌리니 몸에 강한 에너지가 생기고 혈이 힘차게 돌아 염증과 바이러스가 사멸되어 통증이 사라졌다.

처음엔 기가 뜨고 정신이 흩어져 있어 쉽지 않았으나 경진을 믿고 자신을 믿고 태양에너지를 믿으며 간절함으로 집중해 훈련한 결과 지금은 많이 좋아졌으며, 더욱 중요한 건 성공에 대한 강박과 욕망의 덧없음을 알아 자신을 또다시 구렁텅이로 몰아넣지 않게 되었다. 이것이 가장 중요하다.

어느 정도 치유가 되어도 자신의 욕망을 버리지 못하면 언제든 음기는 창궐한다.
3차원계는 음과 양의 조화이자 공존이다. 건강한 이도 암세포를 가지고 있듯이, 음기를 전부 없애려고 하거나 완전한 치유를 바라서도 안 된다.
음과 양은 공존하는 것이며 비율이 조화를 이루도록 항상 수련하는 것이

3차원 지구의 이치이다.

이 사례자는 전생에 광대였고 기생이었던 욕심 많은 할머니의 혼이 함께 하고 있어 영적인 문제부터 정신, 신경, 장기 등 모든 것이 무너진 종합 세트이다.

전생의 재능과 운의 흐름으로 성공은 하였으나 욕심에 끌려간 대가는 엄청난 고통뿐이다.

종교 판에 들어가면 신에게 용서를 빌고 신에 대한 믿음으로 기도를 권하고 무당집에선 빙의 치료와 굿을 권하며 병원에선 원인을 알 수 없는 모든 병명에 '신경성'이란 이름으로 진통제와 안정제로 다스리게 된다.

이 모든 처방이 필요하다. 어느 한 가지로 해결될 수 없기에 치료가 안 되는 것이다. 이 모두를 해결할 수 있는 것이 내 안의 치유 시스템을 살리는 것이다.

어린아이들을 많은 학원에 보내며 경쟁의 전쟁터에 내몰아 정신적인 병을 만들 것이 아니라, 어려서부터 명상과 호흡을 접하게 하여 창의적인 사람으로 자신의 잠재 능력을 찾고 건강을 지키며 진정한 행복을 찾을 수 있게 해 주어야 한다.

지금까지는 경쟁의 시대였으나 이제는 자신만의 창의성이 세상의 주도권을 잡는 시대로 바뀌었다.

신의 존재도, 확신도 없이 신에게 매달리며 기적을 내려 달라는 애처로운 기도보다, 자신 안에 신의 에너지가 있음을 깨우쳐 스스로 기적을 만들 수 있는 법을 깨치는 편이 훨씬 나을 것이다.

조울증

조증은 불의 에너지가 위로 떠 급하고 사나우며 울증은 물의 기운이 넘치고 탁해져 냉기로 변해 무력해지고 우울하며 가라앉는 병이다.

영적 문제들이 신경계를 교란시키는 경우가 많다.

즉, 빙의 환자들에게 많이 나타나는 증세이다.

현대에는 오염된 공기와 환경호르몬, 음식, 스트레스 등에 의해서도 신경계에 많은 병이 생겨나므로 습관과 환경을 잘 관리해야 한다.

조증은 기가 위로 떠 마음의 기복이 심하여 울화가 치밀어 오르고 심각한 이들은 불특정 다수에게 해를 가하게 되는 경우도 발생된다.

울증은 우울감에 빠지게 되고 타고난 운명이 차갑고 습한 체질의 사람이 운에서 습하고 냉한 에너지를 만날 때 생긴다.

조, 울은 번갈아 가며 나타나게 된다.

> 조증은 뜨거운 기운이 위로 떠 자신을 제어할 수 없게 되니 명상과 호흡으로 뜨거운 기운을 내리는 것이 기본이고, 울증은 에너지가 차갑고 무거우니 뜨거운 기운을 주입해 활기를 찾아야 한다.

4.

병이 치유되는 원리

욕망의 뇌 활동을 줄여야

몸과 마음의 고통을 치유하기 위해선 욕심과 분노로 인한 뇌 신경의 작동을 최소화해야 하고, 억눌림에서 벗어나야 에너지를 충전할 수 있다.

스트레스나 승부욕, 욕심, 남에게 받은 상처, 트라우마 등 무겁고 탁한 에너지에 의해 체온은 차가워지며 기경팔맥과 혈관이 막히고 숨이 쉬어지질 않아 모든 신경계에 이상이 생긴다.

인체의 자가 치유 시스템에 문제가 생겨 적군과 싸우질 못할뿐더러 아군인 정상 세포까지 공격해 혈액과 세포, 신경에 염증과 바이러스가 창궐하고 만성화되어 치유되지 않는 중병들을 일으킨다.

고통에서 벗어나려거든 욕망을 내려놓고 마음을 고요하게 해 뇌 활동을 최대한 줄여야 한다.

지금까지 가지고 있던 의식과 습관들을 바꿔야 하며 명상 상태, 즉 몰입으로 내 안의 신성과 치유의 에너지를 만나야 한다.

그것이 자가 치유 시스템을 살리는 길이다.

명상에 들면 신경과 근육을 이완시키는 작용을 하고 태양에너지 명상으로 내 안의 에너지를 증폭시켜 음기들을 정화하면 내 안의 신성과 치유에너지가 살아난다.

명상과 호흡은 부교감신경이 반응하여 림프구가 증가해 안정과 치유에 도움을 주는 힐링 차원에서의 기본이면서 간접적인 치유법이다.

> **태양에너지는 힐링의 차원을 넘어선 직접적인 치유의 에너지이다.**

원수를 용서하지 마라

원수를 용서한다는 건 인간의 힘으론 불가능에 가깝다.
상대로 인해 과거에 겪은 고통보다 트라우마로 인해 앞으로 내가 겪게 될 고통이 더 크니, 나를 치유하는 법을 찾아야 한다.

선과 악의 이분법적 사고에 의해 원수를 용서해야 내가 의인이 될 것 같은 '착한 사람 콤플렉스'에 빠져 뇌에서는 용서해야 한다고 외치지만, 용서하지 못하고 있는 내 마음 깊은 곳의 한(恨)은 나를 더욱 큰 고통으로 이끈다.

겉 의식과 깊은 의식이 일치하지 않기에 신경계가 교란을 일으킨다.
용서는 나를 치유함으로써 상대로 인한 상처가 아물어 가는 것이다.

내 아픔을 그대로 두고는 99%의 사람은 진정한 용서를 하지 못한다. 오랜 시간이 흘러 잊힌 듯하여 용서된 듯 착각하고 있을 뿐이다. 그 고통은 고스란히 나의 무의식과 잠재의식 속에 잠시 묻어 둔 것이다.

나를 치유하는 과정에 나의 마음과 의식을 들여다볼 수 있으며 의식이 깊어지게 되어 상대의 미숙한 의식 수준을 이해하게 된다.
내가 어른이 되어가는 것이다.

어른은 어린아이와 싸우지 않으며 시시비비를 가릴 의미가 없음을 안다. 상대 또한 전생들의 업과 트라우마에 의해 그런 행위들을 하는 것이거나 알지 못하기 때문에 그런 행위를 멈추지 못하는 것이다. 동물적 의식 수준으로 무지하기 때문이다.

미움이든 사랑이든 마음에 남아 있으면 다음 생에도 어떤 식으로든 인연을 맺게 된다. 나를 치유해야 상대를 내 마음에서 지울 수 있으며 인연을 정리하는 길이다.

분노의 고통으로 나를 불태울 시간에 치유할 방법을 찾아야 한다. 분노는 나의 신경계를 완전히 망가뜨려 복구 불능 상태로 만들며, 나의 세포를 태우고 괴사시켜 모든 병을 만들며 나를 죽음과 지옥으로 이끈다.
내 몸과 영혼이 불타는 지옥으로 들어가지 않기 위해 이치를 알고 나를 치유해 나가면 악연에서 벗어날 수 있게 되고 고통에서 벗어난다.

당장의 고통에서 벗어나기 위한 방법으론 몰입할 새로운 것을 찾는 것이다.

근원을 해결할 방법으로는 나를 들여다보며 나의 참회가 되어야 한다.

참회 속에 끝없이 눈물을 흘리면 용서되고 잊힌다.

나의 무지함을 보는 것이 가장 중요한 치유의 열쇠이다.

가슴의 恨을 치유하기 위해 가슴의 막힘을 먼저 뚫어 내야 한다.

분노로 가슴의 태양총 신경이 막히면 자율신경 시스템이 무너지고 가슴에 바위가 막고 있는 답답함으로 호흡이 힘들어진다.

태양총 신경을 정화하고 가슴을 열어 호흡을 살려야 자율신경이 살아난다.

잠재의식

잠재의식은 업, 카르마가 저장되어 있고 전생들의 능력도 저장된 깊은 의식이다. 나와 조상들의 전생들의 데이터이다.

자신의 숨겨진 재능을 보려거든 잠재의식에 접속해야 한다.

겉 의식은 지식의 영역이고 뇌 기능을 쓰는 에고의 영역이고 오감의 영역이다.

잠재의식에 다가가면 초감각의 영역이 나타나며 전생과 神의 영역에 접속된다. 나의 모든 근원적인 고통의 원인과 전생들의 재능이 잠재의식 속에 저장되어 있다.

잠재의식의 단계와 깊이도 여러 층으로 이루어져 있다.

고통을 치유하려거든 일단 잠재의식에 접속해 전생들의 고통을 정화해야 하며, 나와 유전자가 연결되어 있고 영적 파장이 통해 함께하고 있는 고통스러운 상태의 조상들과 빙의령들을 치유해야 한다.

끌어당김이 성공하지 못하는 이유는 잠재의식에 접속하지 못하고 겉 의식만을 사용하여 뇌에서만 되뇌기 때문이다.

겉 의식조차도 믿질 못하는데 잠재의식에서 수긍이 될 리가 없는 것이다.

깊은 의식에 접속해 수호신(조상신 중 도력이 있어 가문을 수호하고 나를 인도하고 보호하는), 또는 더 높은 수호령과 함께 몰입하고 상상하고 시각화하여야 끌어당김이 효과를 발휘한다.

잠재의식 속 상처들이 치유되지 않아 불신과 불안, 음적인 기운이 가득한데 어찌 깊은 의식에 접속할 수 있으며 수호령과 만날 수 있겠는가.

겉 의식에서만 시각화를 반복하면 흩날리는 바람과 같아 허무해진다.

모든 성공의 법칙이 깊은 의식의 치유와 접속에 달려 있다.

많은 성공한 이들은 깊은 명상과 함께하며 수호에너지의 힘을 받아 영감이 발휘되고 생각의 힘이 강하여 실패를 거듭함에도 계속 실행하여 성공한다.

고통에서 벗어나지 못한 이들은 깊은 의식 세계를 먼저 정화시켜야 한다. 악업이 깊을수록 내가 참회를 왜 해야 하는지조차 알지 못한다.

참회는 나의 부끄러움을 인지하는 것이며 내 안의 또 다른 나와 같이 부끄러움을 느끼고 마음 깊은 곳에서 솟아오르는 눈물을 흘려야 원과 한이 풀려 나간다.

그 눈물은 나와 함께하는 영혼들의 절규로 그들의 한이 풀려야 나의 고통이 풀려 나간다.

그 눈물의 진실만큼 밝은 빛이 들어오며 의식이 정화되어 밝은 신의 세계에 접속할 수 있게 되며, 수호령과의 만남이 시작된다.

깊은 의식 속에 저장되어 있는 상처들이 너무 많기 때문에 한두 번의 정화로 끝나지 않고 계속 정화해 나가야 한다.

어떤 능력 있는 도사에게 치유를 받았다 해도 백만 개 중 한 개일 뿐이며 또다시 원점으로 가는 이유이다.

내가 정화하는 법과 이치를 깨우쳐 스스로 관리해야 차원 상승이 되어 신과 함께할 수 있다.

종교나 수련단체에서 기도하며 극심한 반응을 보이며 신비 체험을 하는 것은 신을 만나는 것이 아닌, 잠재의식 안의 저차원 에너지체들을 정화하는 단계이다.

이런 현상을 신의 가피로 착각하여 정화시켜야 할 영가들을 더욱 끌어안고 의지하는 이들이 많다. 무지한 지도자들 때문에 고통이 가중되는 것이다.

> 내 안의 탁한 에너지가 정화되면 고차원 에너지와 주파수를
> 맞출 수 있고 치유의 힘이 생기며 창의성이 발휘되고
> 판단력과 능력이 남다른 이가 된다.

수호신

먼저 신이란 개념부터 바꿔야 한다.

우주 모든 것은 에너지이다. 신 또한 에너지이다.

아직 깨어나지 못한 이들에게 신이란 하늘나라에 있으며 나의 잘잘못을 가리는 주인과 종의 개념으로 인식하고 있고 신을 인격화시켜 상을 주고 벌을 주는 대상으로서 이분법적 사고에 갇혀 있다.

지금까지 이런 가르침으로 인간의 영성을 쇠사슬에 묶어 놓았다.

사슬을 풀어내지 못하면 의식의 상승, 즉 깨어남은 있을 수 없으며 세세생생 죄인으로 살며 神의 종이 된다.

神의 차원은 수도 없이 많다.
일단 가장 가까운 신은 나를 지키고 안내하는 조상신(祖上神)이다.

조상신은 아직 신의 대열에 들어가지 못한다.
조상신들은 탐, 진, 치와 에고가 생전 그대로이다.

자손 뒤에서 부모의 마음으로 돕는 역할을 하며 수호신의 역할을 해왔다. 조상신은 자손과 함께 공부하고 차원 상승이 되기 위해 자손과 함께한다. 함께하는 조상신의 의식이 낮으면 자손도 그와 같아 욕심에 몰두한다. 조상과 자손이 맑아지고 공부가 되면 그때 더 높은 차원의 수호령 에너지가 함께한다.

수호령은 나를 神人으로 만들며 더 높은 차원으로 상승케 하는 고차원 에너지이다.

고차원 에너지와 함께 하면 인간의 능력치를 벗어나 초능력에 다가서게 되고, 지구 삶에서도 큰 힘을 발휘하며 나와 남을 이롭게 한다.
그렇게 선업이 쌓여 상승된 의식이 더 높은 차원의 문을 열게 된다.

인간이 대단한 이유는 강하고 지속적인 의도와 몰입에 의해 에너지를 만들고 움직이며 활용할 수 있는 우주 첨단 시스템의 생명체이기 때문이다.

문제는 인간 의식이(에고) 너무 상해져 영성을 잃어버린 것에 있다. 육체와 의식과 영성이 같이 성장해야 이상적인 세계가 된다.

고차원 에너지와 함께하면 내 안의 치유 시스템이 초인적인 힘을 갖는다. 현대인들의 가장 큰 실수가 본인 안에 있는 名醫(명의)를 모르는 것이다.

쉽고 편한 것에 길들어져 종교와 도사와 진통제를 찾아다닌다.
내 몸 안의 치유 시스템을 찾아 몇 번만 작은 병들을 제압하면 어떤 병도 스스로 치유할 수 있는 믿음과 확신이 생겨나 더 큰 치유 시스템의 신비한 에너지를 만날 수 있을 것이다.

밖으로 찾는 신이나 종교가 나의 고통을 해결해 주지 않는다.
그건 초급 영혼의 수준일 때 하는 기도법이다.
내 안에 우주의 이치가 있고 신들의 차원계 역시 내 안에 있으니 그 법을 찾으면 자신이 신이 되고 고차원의 에너지를 활용할 수 있다.

> 조상은 뿌리이고 자손은 열매이며
> 수호령은 이들을 인도하는 태양이다.

신비주의에서 벗어나라

당신은 神의 에너지로 온 사람이며 神의 능력을 가지고 있다.

다만 그 이치를 알지 못하고 물질의 시대에 오감의 본능에 몰입되어 자신의 본성과 능력을 잊고 있을 뿐이다.

이제는 의통이 극소수인의 전유물로서 신비주의에 머물러선 안 된다.

누구나 神의 의식을 갖고 있고 창조의 능력을 발휘할 수 있다.

우주 만물은 에너지, 주파수, 진동으로 이루어져 있고 그 에너지를 얻을 수 있는 이치는 너무도 간단하다.

자신이 안다는 고집을 버리면 된다.

치유의 능력을 가진 자들이 신의 선택으로 치유를 한다거나 자신만이 특별하여 능력을 받았다고 하며 작은 신비 현상으로 대중을 현혹하는 이들은 아직 저차원 에너지인 조상신과 함께하고 있는 것이다.

그들은 우주와 자연과 신과 인간 그리고 병과 치유의 패러다임을 깨치지 못하였기에 자신만이 신에게 선택받은 특별한 인간이라고 한다.

깨어나지 못한 대중들은 조그만 신비 현상에도 몰려들고 선동될 수밖에 없다.

이젠 깨어나야 한다.

5.

운명이란 있는가

운(運), 명(命)

계절과 시간이 바뀌면서 각기 다르게 내려오는 우주의 에너지를 운(運)이라 한다.

그 시간의 흐름을 음양오행 60갑자로 부호화해 놓은 것이 역학(易學)이다.

시간을 숫자로 적어 놓은 건 당연시 여기고 음양오행은 미신이라 치부한다.

지금으로부터 10시간 후에 몇 시인지 알 수 있듯이 운(運)도 같은 이치로 알 수 있다.

運이라는 뜻은 '돌고 돈다', '회전한다'는 시간의 변화를 말한다.

지구가 회전하며 다른 행성들과 태양으로부터 시시각각 다르게 받게 되는 에너지를 말한다.

運이란 갑작스럽게 하늘이나 조상이나 신이 주는 횡재라는 의미가 아니다. 일제 강점기 때 역술을 미신으로 치부해 놓았기 때문에 그 잔재로 아직까지 자연의 이치를 미신적인 관념에서 이해하는 사람들이 많다.

우주로부터 내려오는 에너지의 변화를 運이라 하고 인간이 태어난 순간의 에너지를 命이라 한다.

운명학은 자연의 순환하는 이치를 시계와 같이 부호화해 놓은 것으로, 그 부호들이 얽힌 조합을 판독하는 것이고 순환의 법칙을 추론하는 것이다.

역학은 많은 이치를 담고 있긴 하나 역학으로 볼 수 있는 세계가 있고 볼 수 없는 세계가 있으므로 힐러의 영적 의식과 공부가 상승되어야 깊은 세계를 보며 진정한 상담사로서 역할을 할 수 있게 된다.

점으로 활용하며 돈벌이에 기울어져 있는 이들은 큰 공부는 애당초 멀어질 뿐이다.

힘들어 찾아오는 이에게 깊은 이치를 알려 주지 못하고 내일 일어날 일에만 모든 에너지를 쏟고 있으니, 상담자나 내담자나 의식의 상승은 먼 나라 이야기이다.
모든 내담자가 내일의 일만 궁금해하니 당연한 현상일 것이다.

역학의 깊이는 무궁무진한 것이니 누구나 깊이 공부하여 이치를 알고 때를 아는 길잡이로 좋은 학문이며 힐러들은 필수 코스이다.

은하계의 순환은 일단 접어 두고 태양계의 순환만 보자.
태양을 중심으로 수, 금, 지, 화, 목, 토, 천, 해의 별들이 태양을 공전한다.

이 별들은 한 치의 오차도 없이 스스로 자전하면서 태양을 공전하고 있다.

지구가 자전과 공전을 할 때 태양의 영향을 얼마나 받고 어떤 계절인지로 運과 命을 추론한다. 물론 다른 별들의 영향도 봐야 하는 초과학의 영역이나.

태양에너지를 너무 많이 받아도 문제이고 너무 적게 받아도 문제가 생긴다.

자연이든 인간이든 어떤 생명체도 태양에 의해 죽고 살며 길흉화복이 변해 간다.

정신적인 병이나 육체적인 병이 발현되는 때도 운에 의해 강, 약이 생긴다. 아주 단적인 예로 겨울에 태어난 사람은 체질과 체온이 차가워 냉증의 병이 생긴다. 그런 사람은 봄, 여름의 계절에 치유 효과가 좋다.

운이란 무지한 상태에서 누워서 감 떨어지기를 기다리는 것이 아니라 이치를 알고 자신의 상태를 파악해 에너지를 이용하는 것이다.

2019년 기해년부터 2024년 계묘년까지 태양에너지가 지구에 부족하게 내려오는 운으로, 양의 기운이 부족해지고 음기와 살기가 강한 때이다.

그래서 바이러스가 창궐하는 시기이고 경기 침체기가 시작된다.

개인적으로 타고난 命이 차가운 사람은 이때 바이러스에 취약해지며 이 시기에 조울증과 공황, 정신이상 등 냉증이 원인이 되어 몸과 정신의 병들이 시작되거나 잠복되어 있는 염증과 암 등 병이 크게 악화되는 시기이다.

좀 더 큰 틀에서 볼 때 2020년쯤부터 20년간 불의 시대로 지구는 온난화가 심해지고 자연재해와 폭발, 전쟁, 기후 이상과 정신 이상자들이 많이 드러나는 분열과 폭발, 분화, 대지도 인간도 갈라짐의 시대이다.

지금보다 이혼율도 높아져 개인주의가 팽배하고 가상세계가 발전하며 과학의 발전과 영적 의식의 성장이 있는 때이다.

2025년부터 3년간 불의 기운이 커지니 사이코패스 지도자들이 잘못된 판단을 할까 두렵다. 이것이 지구에 영향을 주는 에너지이자 運이다.

이렇듯 모든 것은 바뀌는 운에 의해 돌아간다. 운이란 자연의 순환 이치이다. 태양계를 돌리는 주인은 태양으로, 運 또한 태양에 의해 좌우된다. 지구도 생명체도 태양에너지가 조금만 부족해지거나 넘치면 큰 고통이 따른다.

힐러의 영적 의식과 에너지 차원이 상승되어야 볼 수 없는 세계를 보며 고통받는 이들의 에너지를 바꾸어 주고 이치를 알려 줄 수 있는 진정한 치유사로 거듭나는 큰 공부를 해야 한다.

> 앞으로의 시대는 기초 공부로 점을 보며 도사 노릇을 하는
> 시대가 아니다. 많은 이들이 영성과 이치를 찾게 되므로
> 작은 앎으로는 설 자리가 없다.

운명은 정해져 있나

정해진 운명이 있느냐는 질문에 의견들이 분분하다.

운명은 있다. 그 운명을 만든 것이 거듭된 윤회 속에 형성된 나의 조상들의 업과 나의 업이 믹스되어 틀이 정해지고 그 틀에 맞는 시공간을 타고 들어와 정해진다.

그렇다고 인간의 모든 것이 정해졌다고 단정 지어선 안 된다.

타고난 에너지가 정해졌다는 것이지 에너지 활용은 사람의 몫이다. 자신의 의식 수준에 따라 같은 운명 같은 에너지일지라도 쓰임이 다르다. 운은 활용하는 에너지이기 때문이다.

운명을 만드는 기본이 자신의 생각이며 의도이다.

같은 생각 같은 습관에서 벗어나지 못하여 같은 업을 이어가며 운명을 바꾸지 못한다. 대를 잇는 유전이다.

생각은 그에 맞는 에너지를 형성하고 호르몬을 분출하며 세포와 유전자를 만들고 영적 의식까지 고착화시킨다.

인간은 우주와 자연의 일부이다.

자연은 사계절로 순환하고 지구는 태양을 순환하고 태양계는 은하를 순환하고 은하는 대은하를 순환하며 더 큰 은하들이 그보다 더 큰 은하를 끝없이 도는 게 우주의 순환 이치이다.

우주와 자연의 이치를 알면 인간의 이치를 알 수 있고 얼마나 덧없는지 알게 된다.

다만 인간의 눈으로 운명과 미래를 예측한다는 건 쉬운 일은 아니다. 형이하학적인 공식으로 유추해 볼 수 있는 역학과 형이상학의 볼 수 없는 부분을 느끼는 영적 감각이 있다.

역학의 공식으로 모든 것을 다 알 수 없고 무속의 귀신으로도 전부 알 수 없어 어려운 것이다.
무속인은 이치 공부가 부족하고 역술인은 영감이 부족하다.

3차원 인간의 의식에선 현재에 매몰되어 미래를 볼 수 없고, 5차원 조상신의 의식에선 미래를 순간순간 엿볼 수 있고, 더 높은 차원에선 과거 현재 미래가 같이 있음을 알 수 있다.

역학에 대하여

역학엔 수십 가지 분야의 학문이 있다.

명리학, 관상학, 수상학, 기문둔갑, 자미두수, 풍수, 매화역수, 주역 등등.

이 많은 학문을 통달할 수 없다. 1개의 학문도 온전히 통달하기 어려워 힘들고도 외로운 학문이다.

5년 동안 공부하면 너무 쉽고 많은 걸 알 수 있어 도사가 된 듯하고 10년 공부하면 안 맞는다고 포기하는 사람들이 많고, 20년 하고는 어려워 포기하는 사람이 많고, 30년 하면 '이제 기초는 해냈구나' 하는 정도이다.

하면 할수록 블랙홀로 빠져드는 듯 어려운 게 역학이다.

그러나 요즘은 정보가 많고 속도가 빨라져 배움의 시간이 예전의 10분의 1로 단축되었다.

요즘은 몇 년 배우고 실전에 뛰어들어 홍보를 잘하는 사람이 도사가 되는 시대가 되었다. 빨라진 시대의 발전이자 모순이기도 하다.

깊게 알아갈수록 말 한마디 하기가 조심스러워진다.

정신세계를 공부하는 이들은 명상과 참회, 수행이 꼭 필요하며 기도 중 영적 에너지와 만나 작은 능력이 생겼을 때 주의해야 한다.

자연의 사이클은 1년으로, 봄이면 자라고 여름이면 번성하고 가을이면 낙엽 지고 추수하며 겨울이면 흙으로 돌아가 쉬는 것이 자연의 법칙이고 인간도 이와 같이 생로병사의 순환이다.

명리학을 예로 들면, 년주는 먼 전생과 나의 조부모의 에너지 흐름을 볼 수 있고 월주는 가까운 전생과 부모의 에너지, 나의 청년 시절 에너지, 일주는 나와 배우자의 에너지를, 시주는 미래와 자녀의 에너지의 시공간을 유추하는 것이다.

거기에 대운이라는 나와 조상들이 만든 업에 의한 에너지 변화와 우주에서 지구 모든 생명체에게 같은 에너지가 내려오는 해마다 바뀌는 세운이라는 에너지 변화를 조합해 미래의 일을 예측한다.

사주는 연월일시라는 고정된 에너지를 보는 것이므로 한계가 있다. 영적인 눈이 열려야 깊이 볼 수 있다. 역학의 정수는 에너지 작용을 보는 것이다.

현대 시대엔 역학을 공식에 맞춰 占으로 사용하려 하니 맞지 않는 부분이 생기고 대중에게 불신이 생겨 미신으로 치부당한다.

그래서 더욱 깊이 보기 위해 여러 가지 역학 공부를 하지만, 좀 더 알 수 있을 뿐 그것도 한계가 있다.

운명은 많은 생을 살면서 업이라는 카르마에 의해 내가 만들어 놓은 에너지로 자신의 카르마를 보고 자신의 의식을 높일 수 있으면 운명을 개척할 수 있다.

그러나 이번 한 생만 두고 봤을 땐 노력만으로 바꿀 수 있는 건 아니다. 업과 습의 에너지 장력에 의해 대부분이 의식의 변화가 적어 정해진 노선대로 끌려간다.

운명을 바꾸고 싶거든 현재의 에고를 버리고 잠재의식에 접속해 에너지를 변화시켜 나가야 한다. 의식의 혁명, 에너지의 혁명이 있어야 한다.

'사주보다 관상, 관상보다 심상'이란 말은 진리이다.

심상(심보), 즉 의식 수준에 따라 같은 운명이라도 쓰임은 달라진다.

역학은 자연의 이치이다. 이치란 말은 정확하게 돌아가는 법을 아는 것이다.

한 치의 오차 없이 별들이 돌고 돈다. 자연도 돌고 돈다.

그 안에 인간도 지구의 회전에 의해 운이 바뀌고 돈다.

태어나고 늙고 병들고 죽고 또다시 윤회하여

태어나고 늙고 병들고 죽는 끝없는 순환이다.

매년, 매달 달라지는 에너지와 나의 연월일시의 타고난 에너지가 믹스되어 운명을 추론하고 유추해 볼 수 있다.

운명학은 추론하는 것이지 답안지가 아니다.

세상은 가진 게 없어도 불행하고 가진 게 많아도 불행을 느낀다.

이번 생에 나의 재물 창고에 재물이 많이 담겨 있도록 프로그램되어 있으면 때가 되면 그 재물은 내게 들어온다.

자신을 속이고 남을 밟고 욕심내지 않아도 자신이 만들어놓은 命과 運이라는 에너지에 의해 자신의 그릇만큼만 담는다.

욕심을 내면 속이게 되고 그런 음적인 카르마를 계속 쌓아 지금의 힘듦과 고통이 있는 것이다.

인간이 해야 하는 건 의식을 높이고 노력하며 때를 기다리는 것이다.

같은 사주 다른 삶

숙명은 많은 생의 카르마에 의해 여러 생을 통해 해결해야 할 과제이며 운명은 숙명의 큰 톱니바퀴 아래 작은 바퀴로 이번 생의 과제이다.

운명은 지구의 자전과 공전에 의해서 태양 빛을 받는 각도에 따라 지구의 계절이 생기고 개인의 에너지가 정해진다.

같은 사주로 태어나도 각기 다른 삶을 살게 되는 이유는 조상과 나의 업에 의해 잠재의식 안에 저장된 의식과 능력치가 달라 같은 에너지의 사주여도 하는 일과 삶, 그리고 양심, 행복도가 극과 극이 될 수 있다.

같은 사주여도 전생들의 의식이 낮은 영혼은 쉽고 빠르고 한탕을 찾아 어둠의 길을 더 깊이 연구하고 의식이 높은 영혼은 고난을 해결하는 법을 증득해 빛을 찾는다.

의식의 차원이 다르기에 같은 운명이라도 다른 용도의 삶이 된다.

내가 만든 운명이라는 작품

운명은 과거부터 현재까지의 70%의 완성된 그림에 미래의 영역인 30%의 옅은 스케치이다.
대부분의 사람은 미래의 스케치대로 살아가게 되므로 미래를 예측할 수 있다.

왜 대부분의 사람은 힘든 상황에서 벗어나지 못하고 미래를 바꾸지 못하는가?

이유는 전생들의 습관에 의해 끌려가기 때문이다.

전생의 업력에 의해 지금도 같은 생각과 습관에서 벗어나지 못한다. 내가 만들어 가고 그려 놓은 스케치이다.

미래의 스케치를 바꾸기 위해선 생각과 습관의 변화로 다시 스케치하고 행하는 실행력이 있어야 정해진 궤도를 바꿀 수 있다.

사람들은 바꾸고 싶다면서 바꿀 수 없는 상황과 이유만을 늘어놓는다. 대부분의 사람은 바꿀 수 있다는 믿음과 의지가 없다. 그러고는 운명은 개척하는 거라 한다.

나의 생각과 몸은 굳어진 습에 의해 해 왔던 것, 편한 것, 쾌감을 주는 것에만 끌리게 되어 있다. 지금 바꾸지 못하는 습관이 미래의 사진이다.

고달픈 삶에서 運을 바꾸는 방법은 환경을 바꾸는 것이다.
사는 곳을 옮기고, 함께 공부할 도반을 만들며, 스승을 찾는 것이다.
그리고 가장 중요한 자신의 생각과 의식을 바꿔야 한다.

이제는 의식 혁명을 깨치는 이들이 늘어가고 있으며 그들이 멘토의 역할을 하고 있다.
그들이 특별해서 깨우치는 것이 아니다.
다만 그들은 큰 고통의 미션을 이겨 낸 사람들이다.
고통스러운 미션을 회피하는 삶은 현실도 미래도 바꾸기 힘들다.

유전자를 바꾸면 타고난 운명을 바꿔 나갈 수 있다.

유전자를 바꾸려면 세포를 바꿔야 한다.

세포는 오랫동안 해 온 생각과 습관, 환경이 만든다.

세포가 새로이 만들어지기까지 100일 정도의 시간이 걸린다.

100일 동안 습관을 바꾸면 새로운 세포로 바뀌며 運이 바뀐다.

바뀐 세포를 3년간 유지하면 유전자가 반응한다.

이 시간을 이겨 낸 이는 命을 바꿀 수 있다.

의식이 바뀌는 것이다.

유전자는 타고난 命이고

세포는 변화하는 運이며

생각과 습관이 運命의 씨앗이 된다.

변화라는 힘든 길은 가고 싶지 않기에 운만 기다리고 술사들만 찾아 다니며 운명 쇼핑, 영성 쇼핑을 한다. 占은 볼수록 목마르다.

미래에 대해 아무리 알려 준들 자신의 욕심대로, 습대로 끌려가기 때문에 일어날 일은 일어나고야 만다.

평생을 神 찾아 道士 찾아다닌들 자신이 변하지 않으면 아무 소용 없다.

미래가 불안하고 궁금하거든 습을 바꾸고 이치에 대한 공부를 해야 한다.

그 년월일시에 태어난 건 이미 그 시간대에 오기로 정해서 오는 것이다. 내 업에 의해 내가 만들어 놓은 것이다. 神이 만들어 준 것이 아니다.

나의 오랜 의도와 습관들이 만들어 놓은, 내가 만든 운명이라는 작품이다.

> 차원이 상승된 자들은 윤회를 해도
> 그 생의 장르를 본인이 정하고 온다.
> 차원이 낮은 영혼은 업에 의해 끌려다니며
> 왜 끌려온지도 모른 채 원망만 한다.

자신을 알고 때를 알아야

우주 모든 것은 에너지, 주파수, 진동으로 이루어져 있다.
같은 주파수끼리만 공명이 일어난다.
귀신이든 신이든, 재물이든 공부든….
나와 주파수가 맞아야 통하고 진동이 일어난다.

저마다 운명이 다르듯 각자의 타고난 무기가 다른데, 누구나 오감의 만족을 위한 욕망으로 물질 만들기에만 에너지를 쏟는다.

　각자의 타고난 에너지를 알아야 한다.
　물질을 만드는 활동력이 강한지 지적 능력이 강한지….

　활동력이 강하고 재물에 관심이 많은 사람에게 공부를 강요하면 아주 고통스러울 것이다.
　이들은 불의 성질로 욕구가 강하며 섣부른 판단을 하기에 멘토를 찾아야 하고 자신을 다스리는 법을 찾아야 한다. 아무리 잘 나가도 한 번의 판단 실수로 모든 것이 물거품이 된다.

　나의 에너지를 다루는 원리를 알게 되면 어떤 것도 부럽거나 불안하지 않다.
　고통에서 벗어나고 싶고 성공하고 싶거든 에너지를 다스리는 이치를 알아야 한다.

눈 감은 자가 눈 감은 자들을 이끈다

이제 불의 시대에 들어섰다.

많은 사이비가 나오며 종말을 이야기하고 신의 노여움으로 심판의 때가 왔으며 자신이 구원자이거나 대리인임을 설하며 공포를 조장하여 사람들을 현혹하게 된다.

불의 시대란 우주의 순환 가운데 일어나는 순리이지 어떤 신이 불바다를 만드는 것이 아니다.

눈 감은 지도자들은 자신의 잘못된 신념이 진리인 듯 열변을 토할 것이고, 이로 인해 많은 추종자는 또 어려움을 겪게 될 것이다.

종교는 진리를 공부하러 가는 곳이다.

문제는 종교가 아니라 종교 지도자들이다. 의식이 상승된 지도자는 절대 편을 가르지 않고 신에 대한 맹신과 심판을 말하지 않는다.

의식이 깨어나면 경전이 필요치 않다. 자연히 우주와 연결되고 신과 연결되어 깨친 의식이 진리를 알고 경전을 알게 된다.

그저 알게 된다.

의식의 깨침이 큰 자는 내면에 집중하기 때문에 광적으로 설교하지 않는다.

내면의 깨침이 작을수록 신에 대한 맹신에 빠지며 광적인 설교를 한다. 아직 미성숙하고 다혈질인 젊은 영혼이다.

기도라는 것도 마찬가지다.

먼저 나와 함께하는 수호령부터 만나야 더 높은 차원과 통할 수 있는 것이지, 경전의 글자에 현혹되어 진리를 왜곡되게 받아들이고 있으니 헛기도 공염불이 되는 것이다.

진리는 말로써 글로써 표현되는 순간 이미 왜곡되며 보는 이의 영적 수준에 따라 천차만별로 받아들이게 된다.

> **동네 이장과도 소통이 안 되면서 대통령과 독대하려 한다.**
>
> **이치를 바로 알고 행해야 한다. 모든 건 단계가 있다.**

신들의 세계

고대인들은 우주에서 내려온 고차원 존재들을 전지전능한 신으로 추앙하였다. 그 우주인들은 10차원 이상의 존재들로 창조의 능력을 가지고 있다.

그들은 자신들의 창조 능력으로 새로운 종의 인류를 만들기도 했으며, 기존 지구 종족을 유전자 변형으로 재창조하기도 하였다.

우주인을 만나기 전의 인류는 어떤 식으로든 목숨의 위협을 받고 있어 신이 필요했고 의지할 대상이 필요했다.

그리하여 그들은 온갖 동물과 바위, 하늘의 존재, 땅의 존재들을 신으로 떠받들며 제를 지냈고 살려 달라고, 식량을 달라고, 온갖 신에게 빌기 시작하며 구복 신앙이 시작되었다.

이제는 초과학 시대이며 초의식의 시대이다.

동물과 목숨 걸고 싸워야 하는 위험한 시대가 아니다.

인간은 선과 악, 음과 양이 공존하는 세상에 살아가고 있으며 그래야 3차원 지구가 유지되고 발전할 수 있었다.

인간의 양심은 탁해져 떳떳할 수 없기에 신 앞에 무릎 꿇고 빌어야 하는 노예 의식에 갇혀 깨어나지 못하고 신이 만든 피조물로서 신이 될 수 없다고 결정지었다.

나의 의식이 맑아지는 만큼 차원이 상승한다.
나의 의식은 나만이 청소할 수 있으며 어떠한 신도 나를 청소해 줄
수 없다.

신들의 차원계는 상상할 수 없이 많고도 광범위하다.
10차원 이상의 존재들은 인간 의식에선 전지전능한 존재이다.

자신이 믿는 신이 최상위의 신이라는 무지의 맹신에서 벗어나야 할
때이다. 자신이 믿는 신의 가르침을 배우고 그를 바탕으로 더 큰 공부
를 하기 위한 것이지, 그 안에 매몰되어 맹신하라는 神은 없다.

절대 다른 고차원의 존재들을 마귀 취급하는 우를 범하지 말아야 한
다. 천국이라는 곳도 인간 시선에선 고통 없는 최상승의 곳일 수 있으
나, 그보다 더 높고 많은 파라다이스가 수없이 존재한다.

우주는 끝없는 다중의 세계이며 어떤 神에 의해 만들어져 가는 것이
아니며 모든 영적 존재들의 의도와 물질체들의 회전 속에 팽창되고 확
장되어지는 에너지체이다.

실체를 알게 된 이들을 '깨달은 자'라 하고 그들이 의식의 깨침과 우
주 원리에 대해 설명해 주고 갔다.

그렇지만 의식의 쇠사슬에 묶여 있는 인간들은 욕심과 두려움 속에 자신이 神의 의식을 가지고 있음을 부정하고 죄악으로 삼고 있다.

과학에서도 의식의 실체에 조금씩 접근하고 있다.

보이지 않는 세계와 의식 시스템에 대해 많은 부분이 밝혀지고 있음에도 오랜 관습과 잘못된 종교의 세계관에서 벗어나지 못하고 있다.

종교는 99%의 진리에 인간들의 필요하에 집어넣은 1%의 독을 넣어 진리라 하며 인간의 영성과 의식을 묶어 놓았다.

아무리 깨끗한 99%의 물이라도 1%의 독극물이 들어가면 마실 수 없는 물이 된다.

이제는 벗어나야 한다. 기존의 잘못된 가르침과 틀에서.

자신이 우주 의식, 즉 신의 일부란 걸.

몸은 이번 생에 나를 대표하는 선수이고 나의 생각은 다음 생을 만들어 갈 대표 선수이며, 나의 영혼은 끝없는 우주의 차원을 여행할 대표 선수이다.

> 어린 영혼일 땐 神이라는 상(象)이 필요하고
> 깨어나려거든 神이라는 상(象)이 사라져야 한다.

깨어날 시간이 되다

어떤 영혼이든 신의 영혼에서 분화되어 나왔다.

극소수의 성인만이 신의 영으로 온 것이 아니다.

다만 그들은 억겁의 시간 속에 자신이 신임을 알고 깨어났기에 높은 차원계에 오르게 된 것이다. 그들도 처음은 당신과 같았다.

지구보다 높은 차원계에도 악의 영을 가진 존재들 또한 있다.

그 영(靈)으로 분화되어 온 이들 또한 많으며, 그런 자들이 지도자가 되어 지금까지의 세상을 좌지우지하고 있는 이들이 많았다.

그들은 대중에게 오감의 쾌락만을 계속 던져 주고 중독되게 하여 영성이 깨어나지 못하게 하고 신과 인간을 주종 관계로 만들었다.

많은 사람이 나약하고 불안함에 자신이 신이라는 걸 알지 못하기에 신에게 모든 걸 의지하고 종교에서 구원해 줄 것을 믿으며 의식의 상승이 되지 못한 채 오감의 행복만을 추구하며 사는 것이다.

인간은 육체를 가지고 있기에 오감의 행복이 중요하다.

그러나 그것만을 추구하면 영혼은 퇴보되고 양심은 사라져 이기적인 세상이 되어 재물만을 쫓게 된다.

神임을 깨닫지 못하면 세세생생 눈 감은 채 낮은 차원계에서 죄 많은 인간으로, 무지한 중생으로, 하늘에 빌며 오감의 즐거움과 물질 확장만을 위해 모든 에너지를 쏟는다.

지금은 이번 인류가 깨어날 수 있는 최고의 시절이다.
우주의 기운이 변화하고 있으며 차원의 문이 열리고 있다.

6.

새로운 차원의 시대

깨달은 자와 사이비

깨달은 자는 우주와 자신과 인간 의식의 시스템을 온전히 알아 고통에서 벗어나는 이치를 펼친다.

이들은 높은 차원계에서 왔으며 인간들도 그들과 같은 존재임을 일깨워 준다.

에고로 뒤덮인 욕망의 눈으로는 그들을 구별할 수 없으며 사이비에게 더욱 강한 끌림을 받는다.

의식이 맑아야 그들의 말을 알아들을 수 있으며 귀 기울이게 된다.

그들의 눈빛은 날카롭지 않고 많은 말을 하지 않는다.

생각의 차원이 다르기 때문에 시시비비를 가릴 생각이 없고, 믿지 않는 이들을 설득하지 않는다.

사이비는 자신만이 神 또는 구원자라고 하거나 다른 구원의 신을 내세워 인간의 나약함과 불안감을 이용하여 인간의 영성을 묶어 많은 추종자를 만들고 세력을 넓힌다.

그들은 수없는 생을 대를 이어 검은 의식체를 발전시켜 사람들을 모으고 조정하는 데 탁월한 능력이 있다.

신의 구원에 빠져 있는 이들의 의식체계는 쉽사리 바뀌지 않는다. 신을 믿고 신의 대리인을 믿으면 구원된다는 논리가 가장 쉽고 편하기 때문에 열광한다.

사이비 구원자들은 총명하고 박학다식하며 유창한 언변으로 열정적인 설교를 하며 하늘의 대리인으로 대중에게 희열을 느끼게 한다.

그들의 전생과 조상들의 전생 그들의 영적인 색깔은 아주 어둡다. 빠르고 영리한 두뇌로 인간을 짓밟았던 사이코패스 지도자들이 많다.

잘못된 도를 닦다 음기에 뒤덮인 조상 鬼神들이 함께하고 있으며 神이 되고 싶은 열망이 강해 자손을 통해 神 놀이를 하며 인간들을 종으로 만든다.

그들의 눈빛은 정열과 카리스마로 강한 빛을 뿜는다.

그들은 불안한 인간에게 사랑을 이야기하며 감싸 주고, 모든 걸 같이 해결해 줄 것 같은 천사의 모습을 보인다.

그들에게도 인간의 능력을 넘어서는 신비 현상을 나타낼 수 있으며 대중을 열광하게 한다.

곧 종말이 온다고 말하는 자들이 사이비이다.

인간은 죽음을 두려워해 사후 벌을 내린다는 신을 두려워한다.

신이 무섭고 벌이 두렵다면 순수해지면 두렵지 않게 된다.

유전자의 대물림

조상과 나는 연결되어 있다.
그 조상들이 살아온 업(業)에 의해 나 또한 영향을 받게 된다.

누군가 중병이 걸렸을 때 유전이라고 말한다.
조상과 내가 연결되어 있다는 걸 아는 것이다.
유전자가 연결돼 있기 때문에 암으로 죽은 조상들이 있으면 나 또한
그 유전자를 가지고 있는 것이다.

조상이 화가 나 자손을 해코지하는 게 아니라 나의 뿌리로서 조상의
영양분을 공유하는 것이다.

그렇다고 어느 자손이나 그 영향을 다 받는 게 아니다.
그 조상과 통하는 자손이 유전자가 연결되고 영향을 받는다.
조상의 유전자가 내게 있어도 꼭 발현되는 것이 아니다.
환경에 의해, 노력에 의해 얼마든지 벗어날 수 있다.
유전자는 스위치이고 그 스위치를 작동시키는 건 나이다.

잠재의식에 내재되어 음적인 에너지를 발산하고 있는 조상들의 고
통이 치유되어야 나의 고통도 치유된다.

반대로 나의 세포와 에너지를 바꾸면 연결된 조상도 치유되고 상승된다. 변화된 에너지는 조상의 관여를 받지 않게 되고 유전의 고리에서 벗어난다.

운명을 바꾸는 원리와 양자역학

미래를 현실처럼 상상하는 것은 미래를 잡아당기는 에너지 작용이다. 몰입의 힘이 강해져야 하며 지식과 교육 그리고 경험에 의해 굳어진 나의 에고적인 겉 의식을 넘어 잠재의식이 믿어야 한다.

현재 나의 눈앞에 보이는 물건이 설마 허상일지도 모른다는 의심은 없을 것이다. 그러나 미래의 일을 상상할 땐 나의 잠재의식이 믿지 못해 몰입의 상태에 들어가지 못한다.

아무리 긍정적인 생각을 하려 해도 기존의 부정적인 삶에 의해 긍정의 생각을 순식간에 잠식해 몰입할 수 없게 만든다.
그것이 번뇌이다.

세상이 자극적이고 빨라져 마음은 안정을 찾지 못하고 민감하여 집중을 할 수 없게 되었다.

이 과정을 이겨 내는 훈련이 필요하며 이겨 내고 몰입하는 이들이 삶을 바꿀 수 있으며 한 분야의 독보적인 인물이 된다.

훈련을 통해 몰입을 해 나가다 보면 잠재의식이 조금씩 믿음을 가지게 되고, 몸의 신경계가 예전과 달리 반응하며 분비되는 호르몬이 달라져 생각의 차원이 달라지고 행동력이 달라진다.

양자역학의 이중 슬릿 실험이 이제 기초적 접근을 하려 한다.
관찰자가 있을 땐 파동이 입자로 변하는 것이다.

미래를 현실처럼 상상하는 것이 관찰자이다.
현재의 파동에너지가 미래를 증강 현실처럼 상상하면 입자로, 즉 현실로 나타나게 되는 것이다. 치유에 있어서도 중요한 포인트이다.
깊은 몰입은 의식과 신경과 호르몬을 변화시켜 병든 세포를 바꾼다.
미래를 지켜보지 않으면 파동으로만, 즉 짜여 있는 운명대로 흘러간다.

자신에 대한 믿음과 집중이 미래를 바꿀 수 있는 에너지로 시·공간의 변형을 일으킬 수 있다.
인간이 神의 능력을 가지고 있다는 증거이다.

주파수를 미래에 맞추고 몰입하면 현재 시공간의 에너지가 구부러져 고통에서 벗어나는 속도가 2배, 3배, 더 이상도 빨라진다.

문제는 고통이라는 현실에 매몰되어 있으니 시간은 길어지고 고통은 가중되며 빨리 벗어나는 길만을 찾으려는 게 악순환의 연속이 된다.

벗어나고 싶고 살아나고 싶다면 나의 오감에서 느끼는 고통을 내려놓는 명상과 호흡 훈련, 자신의 장단점과 때를 알 수 있는 이치 공부를 하며 욕심을 내려놓고 긍정의 호르몬으로 미래를 상상하고 잡아당겨야 한다.

잡아당기려 하지 않아도 좋다. 지금의 마음을 편하게 하여 이때가 지나가기를 기다리는 것도 좋은 방법이다.

시간의 흐름대로 순리대로 살며 고통도 즐거움도 체험하며 마음을 비우고 공부하는 것이다.

고통 없기를 바라는 것이 무지이고 끌어당기려는 것이 욕심이기도 하다.

잠재의식이 바뀌어야 고통에서 벗어난다

잠재의식은 나와 함께하는 영혼 그룹(나와 조상들)의 업에 의해 형성된다.

빙의령은 생전 오감의 느낌과 감각이 필요하고 자신의 한(恨)을 되풀이하는 저차원의 몰입 상태이므로 주파수가 맞는 혈육과 인간의 몸을 필요로 한다.

누구나 비명횡사한 조상이 있고 주파수가 맞아 그 작용을 받는 이들이 있다. 그런 조상들의 유전자가 나에게 연결되어 성격부터 치유되지 않는 병 등 많은 것들이 발현된다.

잠재의식은 뿌리이다.
뿌리가 탁하면 줄기인 겉 의식이 불안하고 부정적이 되어 은연중에 어두운 미래를 상상하게 되고 열매가 부실해진다.

육체와 정신이 같이 바뀌어 나가야지 자기계발이나 영성의 유행에 이끌려 겉 의식만을 위로하며 속이는 반쪽짜리 자기계발로는 요요현상을 겪게 되어 결국 불신하고 포기하게 된다.

마음 닦는 수련이 중요하지만, 그것만으로 내 몸과 영혼을 온전히 치유할 수 없으며, 치유되지 않는 몸은 계속해서 반복된다.
마음공부와 몸의 에너지 증폭 수련이 같이 되어야 한다.

이번 생의 고통, 이번 생의 숙제는 고통을 해결하는 법을 공부하고 이치를 깨달으라는 신호이다.
이 숙제가 끝나지 않으면 계속해서 그 숙제를 들고 온다.
그것이 업이고 카르마이다.

업이라는 것이 죄의 대가를 받는 것이 아니다.

죄를 지으면 다음 생에 죗값을 치르는, 그렇게 단순하게 윤회와 운명이 결정되는 게 아니다.

10번의 생을 정해서 오는 영혼, 20번의 생을 정해서 오는 영혼 등 그 영혼이 속해 있는 단체 의식과 업들에 의해 복잡 미묘하게 정해진다.

> **차원 상승하지 못하면 어떤 식으로든 윤회는 계속된다.**

인간의 영혼

인간에겐 靈과 魂이 있다.

영과 혼으로만 이루어진 것이 아니다.

영(靈)과 혼(魂)과 백(魄)과 정(精)과 신(神)이 죽음 후 각기 흩어진다.

영은 토의 기운으로 위장에 머물고

혼은 목의 기운으로 간에 머물고

백은 금의 기운으로 폐에 머물고

정은 수의 기운으로 신장에 머물고

신은 화의 기운으로 심장에 머문다.

오장육부에 신이 머물러 있다는 말이 이런 뜻이다.

인간이 생기기 전에 영이 먼저 들어갈 자리를 정하고 그다음에 정자와 난자가 만나 착상한 후 혼과 백이 들며 태아가 커 가면서 정과 신의 에너지가 생긴다.

산모의 에너지와 육체의 영양분과 심리 상태가 태아에게 중요하다. 이때부터 태아에게 환경이 설정되어 살아가면서 많은 영향을 준다. 인공적인 제왕절개보다 자궁을 힘겹게 밀고 나오는 것이 태아에게 훨씬 좋다.

> 精을 원기라고 하고 원기가 쇠하고 흩어지면 神이 혼미해지고
> 정신(精神)이 나가 죽음을 맞이한다.

새로운 차원의 길목에서

이 시대 사람들은 너무 많은 지식을 가지고 있어 지혜는 작아져 더욱 어리석음에 휩싸인다.
글(文)만으로 우주 조화를 알 수 없고 신(神)만으로도 절대 알 수 없는 것이다.

알면 알수록 입 밖으로 말 한마디도 할 수 없으며 손가락 하나 맘대

로 움직일 수 없는 지경이 된다.

지금은 새로운 차원의 시대가 시작되었다.
고차원이 오는 과정엔 중력의 힘을 훨씬 뛰어넘는 어마어마한 기운
이 쏟아져 내린다.

그 힘을 인간들은 견디지 못하고 기와 혈이 터지고 알 수 없는 병으
로 쓰러져 간다.

지구의 기와 혈도 터져 대지가 요동친다.
지축의 흔들림이 심해지기 때문이다.

앞으로 경제는 잠깐잠깐 좋아지긴 할 것이나 결국 힘들어진다.
앞으로 물질적 에너지와 정신적 에너지를 운용하는 자들이 세상을
바꾼다.

인간의 물욕으로 지구는 병들었고 이젠 지구 스스로 치유에 나섰다.
그로 인해 인간은 고통을 감수해야 하고 그 고통은 열심히 살았던 힘없
는 서민들의 몫이 된다.

더 이상 물질만을 탐닉하지 말아야 한다.
물질이 神이 된 세상은 오감의 쾌감을 높여 주기 때문에 끝없는 도
파민의 분출을 원하고 중독에서 빠져나오지 못할뿐더러 중독되어 있

는지도 모르고 대부분의 서민들은 물질 시스템을 움직이는 자들의 노예가 되어 산다.

영성은 파괴되어 욕망과 이기주의로 더 많은 재물을 바라고 더 편리한 것을 바라고 더 넓은 땅을 차지하기 위해 지구는 죽어 가고 있다.

남을 순수하게 사랑하는 건 인간의 본성으로는 힘들다.
수호에너지와 하나가 되어 에너지의 상승이 이루어져야 지구를 살릴 수 있고 인간을 살릴 수 있고 자신이 살 수 있다.
태양에너지가 그 역할을 할 것이다.

고차원 존재들

석가나 예수 모두 고차원 우주의 존재들이다.
결국에 같은 진리를 인간들에게 전해 주고 갔다.

그들은 인간들의 길흉화복에 관여하지 않는다.
그들의 象을 모셔 놓고 빌고 바라는 기도는 이제 저물어 간다.
다만 그들의 진리를 공부하면 양심이 그들을 닮아갈 것이다.
그리하면 희로애락의 불안함에서 벗어나게 된다.

3차원 지구의 여정에선 중력의 영향으로 몸과 마음은 무겁고
잠깐의 행복과 긴 고통 속에서 정신없이 시간에 떠밀려
한생, 한생 마감하는 여정이 이어진다.

나고 죽으며 선업과 악업이 잠재의식에 저장되어 생로병사와 희로
애락의 큰 틀이 결정되며 반복과 강한 회전력에서 빠져나오지 못하고
윤회의 길을 반복한다.

어떤 이는 빨리 죽고 어떤 이는 좀 더 늦게 죽는다.
어떤 이는 고통이 적고 어떤 이는 고통이 심하다.
어떤 날은 빨리 자고 어떤 날은 늦게 잠들고
어떤 날은 편히 자고 어떤 날은 악몽으로 지샌다.
어떤 이의 생은 숙제가 많고
어떤 이의 생은 숙제가 좀 덜한 것뿐이다.

수많은 날을 자고 깨듯 한 생이란 하룻밤에 불과하다.
오늘 숙제를 해결하지 못하면 내일은 더욱 힘든 숙제를 해야 한다.

긴 여정을 안다면 지금의 고통에서 벗어나게 된다.

7.

경진 치유법

코로나

나를 상대로 코로나를 치유해 보기로 했다.

코로나 환자와 하루 종일 같이 있으니 감염이 되어 몸살이 왔다.

평소 감기 치유하듯 호흡으로 기혈을 강하게 돌렸다.

바로 몸살기가 가라앉았다.

"코로나의 세력이 이렇게 약할 리가 없는데?" 하면서 새벽이 되어 잠이 들었는데 얼마 후 상상도 못 할 고통이 밀려왔다.

숨을 쉴 수도 누울 수도 앉을 수도 없는 경험해 보지 못한 통증이었다.

역시 감기와는 차원이 달랐다. 계속 잠을 청하는데 잠들 수가 없었다. 몸이 너무나 힘드니 게으름을 부리고 호흡을 미뤘다.

결과는 밤새 잠도 못 자고 고통에 시달리다 날이 밝았다.

이대론 도저히 이겨 낼 수 없어 아침에 산으로 올라갔다.

천천히 올라가면서 호흡을 크게 키워야 하는데 폐가 굳어 숨을 들이쉴 수가 없었다.

잠깐 멈춰 태양에너지를 차크라와 온몸으로 주입시키기 위해 집중하고 있었다.

고통이 심하니 어느 것 하나 쉽게 되지는 않는다.

더 큰 집중력으로 더 많은 에너지를 흡수해야 했다.

태양열을 손바닥 노궁혈로 느끼며 몸속으로 끌어당겼다.

태양의 뜨거운 에너지가 몸으로 퍼지며 에너지가 팽창한다.

태양에너지를 어느 정도 충전하고 산길을 올랐다.

서서히 호흡이 되기 시작했고 조금 큰 호흡이 되자 태양의 뜨거운 에너지를 백회와 하단전으로 동시에 끌어당겨 강하게 돌렸다.

혈이 강하게 돌면서 몸의 에너지가 충만해진다.

이 정도 기를 돌리면 어떤 바이러스도 염증도 사멸된다.

코로나 역시 1시간 만에 고통이 사라졌다.

내려올 땐 언제 그랬냐는 듯 조금 전까지의 고통은 거짓말처럼 사라졌다.

아직 바이러스가 완전히 사멸되진 않았다. 콧속에 약간 남아 있음을 느낀다.

어젯밤에 사멸시킨 줄 알았던 바이러스가 새벽에 쓰나미처럼 다시 밀려온 걸 생각하면 언제 또 올라올지 몰라 긴장을 늦출 순 없어 집에서 여러 차례 호흡을 더 하였다.

첫날 호흡하고 고통과 통증에서 벗어났다.

남은 바이러스를 이틀간 태양에너지로 완전히 사멸시켰다.

바이러스는 어떤 식으로든 숙주의 몸에 침투하여 혈관과 신경에 정착하여 정상 세포들을 변질시킨다.

일반 감기와 달리 힘이 강하고 광범위하며 빠르게 세포를 장악하여 신경계에 이상이 생겨 자가 치유 능력을 상실하게 되고 합병증이 나타난다.

역시 코로나는 강하고 독하다는 걸 알게 된 좋은 경험이었다.

앞으로 코로나보다 훨씬 강한 바이러스들이 올 것이다.

의학이 해결해 주지 못하며 스스로 방어하고 이겨 낼 방법을 갖지 못하면 속수무책으로 쓰러지게 된다.

앞으로는 젊은이들도 위험할 정도의 강한 바이러스들이 출몰한다.

과학이 아무리 발전해도 강해질 바이러스에 대응하지 못한다.

바이러스만으로도 세계는 봉쇄되고 경제는 순식간에 무너진다.

문제는 지금까지의 자연재해나 전염병은 예고편에 불과할 뿐이다.

앞으로 점점 더 큰 재해가 시작되고 땅속에서, 빙하 속에서, 바닷속에서, 동물에게서, 인간들에게서 상상할 수 없는 재해와 병들이 들이닥칠 때 그대는 무엇에 의지해 살아나겠는가.

태양에너지의 신비

지구의 에너지원은 태양이다.

우주의 모든 에너지원도 각 우주의 태양들이다.

고차원 존재들은 태양을 에너지로 사용한다.

차원 상승될 지구도 이제는 태양을 에너지원으로 사용해야 한다.

태양은 태양계의 모든 별의 생명을 살리기도 죽이기도 한다.

태양은 음적인 기운을 죽이고 양기를 키운다.

태양의 신비는 상상할 수 없는 자연 치료제이고 에너지이다.

어찌 독한 방사선에 비교하겠는가.

방사선은 암도 죽이고 정상 세포도 죽이며 인체의 치유 시스템을 망가뜨린다.

태양은 양기를 높여 비정상 세포를 소멸하며 정상 세포로 돌려놓는다.

태양의 따뜻한 에너지를 호흡에 실어 강하게 기를 돌리면 몸 안에서부터 힘이 솟는 걸 느끼며 세포가 힘을 내고 탁해진 혈액이 맑아진다.

자기장이 정상으로 회복되며 전기 신호가 강해져 신경계를 치유하고 산소가 공급되면서 비정상 세포를 정상화시키고 치유 시스템을 살려 낸다.

바이러스나 세균들이 혈관과 신경계에 염증을 일으키고 모든 병을 만들고 있다.

이것들을 완전히 없앨 수 있는 건 태양에너지뿐이다.

태양은 태양계에선 가장 강력한 에너지이며 생명의 에너지이자 숙살의 에너지이다. 절대 태양을 멀리해선 안 된다.

태양 에너지만이 앞으로 강력해지는 병마를 막을 수 있다.

주의할 점은 초심자가 한낮의 뜨거운 태양을 오래 받거나 눈으로 바라보는 건 피해야 하며 본인의 에너지 레벨에 맞게 잘 키워 나가야 하고 이용해야 한다.

생각은 氣를 돌리고 氣는 血을 돌린다.
몸에 닿는 태양열을 인체로 끌어당겨 돌려 주면
어떤 통증도 병도 사라지는 기적을 볼 것이다.

단전호흡, 차크라 호흡

단전호흡은 불생불멸의 신선들의 호흡법이라 할 수 있다.

여러 도인이 호흡법을 알려 주고 갔지만 아직 일반인의 에너지로는 깊고 큰 에너지를 만들기 힘들고, 무엇보다 의식과 신경 그리고 차크라에 대한 이해가 어렵다.

초심자들은 단전에 의식을 집중하기도 힘들고 단전에 기를 뭉쳐 대주천으로 돌리기는 10년 20년을 수련해도 쉽지 않아 포기하는 이들이 많고 부작용을 겪는 이들도 많다.

호흡은 건강이고 생명이며 깨달음에 이르는 가장 중요한 요소이다. 그렇지만 일반인이나 병이 있는 사람들이 기본적인 호흡도 무너진 상태에서 단전호흡을 한다는 건 무리이다.

먼저 오장육부에 산소를 공급하는 호흡이 되어야 한다.

단전, 즉 차크라는 육체의 기관이 아니다.

보이지 않는 세계와 통하는 통로로서 의식의 집중과 몰입이 되어야 할 수 있는 영적인 호흡이며 의식의 호흡이다.

그래서 명상으로 번뇌를 줄이고 기운을 내려 집중력을 키우는 것이다.

지구는 번뇌가 많은 3차원계이다.

욕심과 성냄으로 신경과 근육이 굳어 일반적인 호흡도 안 되어 병에 시달리고 있다.

고통에서 벗어나려거든 나를 온전히 내려놓고 깊고 강한 호흡에 들어야 한다.

단전호흡, 즉 차크라 호흡은 신과 우주와 통하며 인간 한계를 넘어서는 기적의 통로이다. 그러나 단전호흡은 한 호흡을 길게 가져가는 의식의 호흡이므로 산소 공급이 적다.

병과 고통에 휩싸여 있는 이들의 문제가 산소 부족이고 피의 흐름이 느려진 것이다. 치유가 되기 위해선 양질의 산소를 많이 공급하고 말초까지 전달되게 하는 육체의 호흡을 먼저 살려야 한다.

호흡이 깊어지게 하기 위해서는 폐와 심장을 먼저 살려 맑고 많은 양의 산소를 흡입해 몸 끝까지 돌려야 체온이 올라가고 신경과 세포, 장기가 살아나며 에너지가 생기고 단전들이 활성화된다.

코와 폐로 하는 호흡은 육체의 호흡이고 단전호흡, 차크라 호흡은 의식의 호흡이다.

육체의 호흡이 먼저 잘 돼야 에너지를 키워 건강을 살릴 수 있고 그다음 의식의 호흡을 키워야 신인합일되어 나를 바꿀 수 있다.

神人合一의 神은 인간들이 생각하는 인격체의 神을 말함이 아니다.
고차원계의 큰 에너지를 말하는 것이다.
인간이 실질적으로 사용할 수 있는 고차원 에너지가 태양이다.

호흡은 생명줄이다

　초심자는 들숨이든 날숨이든 어깨엔 힘이 들어가지 않게 하고 하체의 힘, 몸통의 힘으로 호흡이 되어야 한다.

　호흡으로 혈을 강하게 돌리면 오염된 세포를 살리고 막힌 혈관과 피를 청소하고 적혈구가 살아나 혈관을 타고 다니는 염증부터 바이러스나 세균까지 소멸시키며 망가진 장기를 살리고 신경계의 문제를 바로잡는다.

　모든 병의 근원은 양기의 에너지가 부족해져 음기가 팽창하는 것이다. 태양의 양기 에너지를 주입하면 음기가 절대 올라오지 못한다.

　병이 있는 사람은 들숨에 산소를 깊이 마시고 날숨에 병을 실어 강하고 길게 내보내야 한다. 날숨에 음기를 빼내는 것이다.

> 입으로 들어가는 음식은 하루를 살게 하고
> 코로 들어가는 호흡은 평생을 관장한다.
> 숨쉬기를 바꾸면 고통에서 벗어날 수 있다.

경진 호흡법

백회나 인당에서 우주의 에너지(태양에너지)를 받고 발바닥 용천혈
에서 땅의 에너지를 끌어올려 하단전에서 돌리고 응축한다.

경진 호흡법에서 하단전은 배꼽 아래부터 발바닥 용천혈까지를 뜻한다.

지구 땅속 핵에너지를 발바닥 용천혈을 통해 끌어올려 척추로 돌린다.

병이 있는 이들은 단전에 의식을 집중해 기를 모으는 것이 처음엔 힘들기 때문에, 먼저 막힌 가슴을 열어 주는 호흡이 되어야 온몸으로 호흡이 되면서 단전으로 기를 모을 수 있게 된다.

병의 근본 원인은 양기의 에너지가 부족하고 기가 막혀 있는 것으로 가슴과 명치가 열리지 않은 상태에서 단전호흡부터 시행하게 되면 상기증과 같은 부작용과 어려움이 따를 수 있다.

기가 통할 수 있게 먼저 가슴에 막혀 있는 한(恨), 음기의 얼음덩어리를 태양에너지 명상으로 녹여 내어 열어 주는 것이 중요하다.

그리고 육체의 호흡인 코 호흡으로 폐와 심장을 살려 몸통으로 호흡하는 법을 익혀야 한다.

하단전은 태어날 때 가지고 온 생명의 에너지이고 인간 욕구와 건강을 관장한다.

대부분 전생의 업에 따라 하단전 에너지가 부족하거나 찌그러져 있는 사람이 기를 아끼지 못하고 소모하게 되면 모든 질병이 들어오게 된다.

중단전은 천신과 천사의 에너지로 사랑과 소통의 에너지 자리이다. 소통과 교류 그리고 연민을 느끼는 곳이다.

전생의 업이나 현생의 트라우마로 인해 호르몬의 문제가 생겨 가슴이 막히고 화가 치밀며 삶에 많은 장애가 오고 가족관계나 인간관계가 힘들며 미움과 욕심으로 가득 차게 되어 울화가 생기고 자존감이 낮아져 본인뿐 아니라 남도 고통스럽게 한다.

명치 부분에 3번 태양총 차크라가 막히면 자율신경에 문제가 생기고 내 몸에 기가 단절되며 호흡이 내려가지 않으며 외부와의 소통이 어려워진다. 한국인들에게 특히 많은 화병이다.

조울, 공황 등 정신적인 고통을 받는 이들도 3번 차크라부터 문제를 일으켜 정신에 영향을 미치는 것이다.

상단전은 의식을 깨치는 곳으로 우주의 에너지를 받는 안테나이며 고차원의 에너지와 만나는 곳이다.

이곳에 문제가 생기면 정신과 신경, 영적인 문제가 발생한다.

뜨거운 기운이 하단전에 머물면서 상단전의 차가운 기운과 교류가 되어야 이상적인 삶을 살 수 있다.

대부분의 사람들이 욕심과 성내는 마음, 교만한 마음으로 뜨거운 기운이 위로 뜨게 된다.

마음이 아닌 머리를 과도하게 쓰므로 기는 막히고 체온이 떨어져 혈액의 흐름이 느려지고 끈적해져 염증이 생기며, 모든 장기와 신경계에 문제를 일으켜 질병과 고통에 마주하게 된다.

그래서 호흡을 밑으로 내리고 번뇌를 비워 내는 명상과 호흡이 중요한 기본 수련이다.

지금의 시대는 집중도를 높여 몸의 치유에서부터 의식의 차원 상승이 같이 이루어져야 한다.

이제 바뀐 세상은 지금보다 훨씬 빨라진다.

예전같이 10년, 20년, 30년 기초 수행만 하며 끝없는 윤회 속에 몇천 년 동안 道를 닦는 시대가 아니다.

경진 치유법은 일반인도 쉽고 빠르게 치유할 수 있는 수련법이다.

호흡은 욕심으로 크게 키우려 하면 부작용이 따른다.

능력에 맞게 반복하고 지속하는 것이 중요하다.

욕심으로 무리하게 막힌 가슴과 호흡의 길을 열려 하면 근육과 신경들이 위축된다.

몸의 긴장과 의식의 긴장을 풀어내는 태양에너지 명상을 통해 기감을 키우고 흡수하는 훈련을 하면, 에너지장이 커져 굳어 있는 신경과 근육을 이완시키고 가슴의 얼음 덩어리를 녹여 내어 큰 호흡을 할 수 있게 된다.

그런 다음 산책을 하며 코로 들숨 날숨을 쉬어 주면 폐와 심장이 살아나면서 커진 호흡으로 양질의 산소를 깊게 돌리면 교란을 일으키던

신경 시스템이 살아나며 명치와 태양 신경총을 열어 단전까지 깊게 내려가는 깊은 호흡이 된다.

반복된 수련으로 들숨의 빨아들이는 압력이 강해지고 길어지면 날숨도 자연히 강하고 길어지게 된다.
이것이 경진 호흡의 기초이다.

병의 치유를 원하는 사람은 단전호흡을 한다고 절대 숨을 참거나 호흡의 시간을 정하면 호흡을 길게 늘일 수는 있어도 산소 공급이 적어 세포가 타격을 받게 되므로 조심해야 한다.
사람마다 병의 원인이 다르고 호흡량이 다르므로 일률적으로 숨의 길이를 정하는 건 위험하다.

경진 치유법(태양에너지 치유법)은 호흡량을 키워 혈을 강하게 돌려 체온을 높여 주고 피를 깨끗하게 청혈 작용을 하고 자가 치유력을 극대화시킨다.
그리고 날숨에 몸에 자리 잡고 있는 병들을 뽑아내고 태양에너지로 세포를 살리고 병마를 소멸시키며 부족한 양기를 채워 준다.
혈을 강하게 돌려 주면 피가 뜨거워져 핏속의 염증과 바이러스들이 즉각 힘을 잃게 되며 사멸된다.

일반인들이 여기까지만 습득해도 많은 고질병을 다스리고 바이러스를 스스로 치유할 수 있다. 이것이 태양에너지 치유법의 기본이며 쉽지만 효과는 신비스럽다.

호흡은 인간의 정신과 몸에 가장 중요한 역할을 하는 생명줄이다.

모든 병은 에너지 부족에서 생긴다.

부족한 에너지를 충전할 수만 있으면

고통에서 벗어나고 성공을 이룰 수 있다.

경진 에너지 명상

내 안의 치유 시스템을 살리기 위해 깊은 명상과 참회가 필요하다.

기본적으로 명상은 뇌 신경의 활동을 멈추고 근육을 이완시킨다.

성냄과 욕심으로 뇌 신경을 많이 사용하게 되면 기와 혈은 위쪽으로 몰려 머리는 뜨거워지고 몸은 차가워져 모든 병이 시작된다.

뇌 신경을 많이 쓰면 마음은 뿌연 먼지에 가려진 듯 온갖 번뇌와 망상 걱정이 휘감아 근육과 신경을 위축시킨다.

명상은 뿌연 먼지를 가라앉히는 작용을 한다.

눈을 감고 먼지를 가라앉혀야 신경들이 안정되어 깊은 몰입과 호흡에 들 수 있다.

뇌의 활동을 멈추기 위해 눈을 감고 호흡에 집중하여 생각을 멈추고 기를 내리는 것이 명상과 호흡의 기본이다.

단전에 의식이 집중되기 시작하면 몸에 기를 모을 수 있고 생각과 의식으로 기를 움직일 수 있다.

병든 곳에 집중하여 양기를 보내면 세포나 장기들을 정화할 수 있는 것이다.

마음의 병, 즉 전생부터 가지고 온 상처나 현생의 트라우마도 경진 명상에 집중하여 기감과 에너지를 느끼면 몸과 마음에 진동이 일어나 울분을 토하는 등 치유가 시작된다.

이렇게 진동이 일어나는 이유는 각자 다르나 내 안에 매여 있는 저차원 영혼들의 정화 단계이다.

내 안의 신성(치유 시스템)과 만나기 전의 정화 단계이며 빙의나 신기가 있는 사람, 마음의 상처가 많은 사람, 감수성이 예민한 사람들의 반응이 강하다.

진동으로 내 안의 저차원 에너지들이 정화되면 몸과 마음이 가벼워지고 호흡의 길이 열려 자가 치유가 시작되며, 전생으로부터 가지고 온 불치의 병 등 큰 치유의 시작이 된다.

지금까지는 힐링의 시대였다.

지구촌 많은 이들이 명상과 호흡에 관심이 많아졌고 수련하고 있다. 경진 치유법의 기본도 명상과 호흡이지만, 힐링의 차원이 아닌 태양에너지 명상과 태양에너지 호흡을 통해 힐링을 넘어서는 치유의 시스템이다.

누구나 믿음만 가지고 집중하면 스스로 병을 다스릴 수 있고 의식의 차원 상승이 있게 된다.

집중력이 약한 사람은 기감을 느끼는 과정이 필요하다.

경진 명상은 눈을 감고 편히 앉아 온몸의 긴장을 풀고 양 손바닥을 가슴 정도 올려 마주 보게 한다.

마주 보는 손바닥 안에서 따뜻함을 느끼고 손 사이에 태양이 있음을 상상하여 더욱 따뜻해짐을 느낀다.

따뜻해짐을 느끼면 집중하여 뜨거운 기운이 몸 안으로 들어옴을 느끼면 에너지가 팽창되어 몸에 힘이 생긴다.

힘이 강해짐을 느끼며 몸에 진동이 일어나기도 하며, 사람마다 다양한 현상이 일어나게 된다.

이때 집중하여 울분과 통곡 몸의 꼬임 등 음적인 에너지를 분출하여 정화하고 배출시켜야 하며, 반복 훈련하면 진동이 커져 치유 시스템이 작동되고 자신의 손이 움직여 막히고 병든 곳을 타격하기도 한다.

나를 온전히 내려놓고 에너지 흐름에 맡겨야 한다.

혹시나 귀신이 들어온 것이 아닌가 하는 불안이 생길 것이나 밖에서 들어오는 음기가 아닌 내 안의 숨어 있는 음기들이 태양의 뜨거운 에너지에 반응하여 진동이 일어나는 것이다.

치유가 되는 과정은 몸과 마음이 가벼워져야 하며 에너지장이 나를 감싸게 되고 척추가 바로 서며 머리가 맑아지고 기운이 솟는 걸 느낀다.

몸이 더욱 무거워짐을 느끼거나 탁한 조상령이나 빙의가 되어 있는 이들은 심한 광기를 일으키므로 멈추고 지도자를 찾아야 한다.

경진 에너지 호흡

– 1단계: 이완과 코 호흡

이렇게 진동이 일어나 정화가 계속 반복되면 막힌 가슴이 열리고 몸에 감긴 쇠사슬이 스르르 풀려남을 느끼게 되며, 몸과 마음과 영혼이 가벼워지고 숨길이 열린다.

이때부터 의식도 변하고 세포도 변한다.

그리고 호흡을 키워야 한다.

호흡 전 몸의 이완이 필요하므로 명상, 백팔배, 저음을 길게 내는 공명, 명호 수행, 걷기나 가벼운 운동으로 몸을 이완시킨다.

숨이 심하게 차지 않게 약간의 땀이 나는 정도로 해야 한다.

초보자가 깊은 호흡이 안 되고 가슴에서 막히는 이유는 명치에 태양총 신경이 막혀 있기 때문이다.

태양총 신경은 억눌린 삶을 살았거나 빙의가 있거나 자존감이 낮을 때 막히고 쪼그라든다.

태양총 신경은 자율신경계와 밀접한 관계를 가지고 있으므로 꼭 열어 줘야 자신감을 찾고 하단전까지 호흡의 길이 열린다.

몸이 풀리면 코로 들이마시고 코로 내뱉는다.

코 호흡은 산소를 깊은 곳까지 보내 세포를 살리는 역할을 한다.

서서히 코로만 들숨과 날숨 호흡을 하다 조금씩 깊어지면 양 콧볼이 붙을 정도로 강하게 흡입하여 늘려 가면 폐가 살아나 가슴이 앞으로 열리게 된다.

가슴이 열린다는 건 갈비뼈를 붙잡고 있는 근육과 횡격막, 신경들이 살아난다는 것이고, 산소가 폐의 깊은 곳까지 들어가 폐포가 살아나고 심장이 힘을 얻어 혈액을 강하게 분출한다.

가슴이 열려 호흡이 커지면 온몸으로 호흡하고 있음을 느낀다.

주의할 점은 어깨가 들리거나 힘이 들어가면 안 된다.

어깨가 들리는 건 아직 가슴이 막혀 있는 상태에서 무리한 호흡을 하고 있는 것이다.

이런 호흡이 습관되어 근육과 신경은 더욱 굳어지고 상기증까지 생긴다. 호흡은 조심해야 하며 각자의 능력에 맞게 서서히 늘려 나가야 한다. 그래서 준비운동으로 몸을 이완시키는 것이 중요하다.

가슴이 막혀 호흡이 잘 안되는 경우는 에너지 명상으로 가슴에 뭉쳐 있는 냉기를 풀어내는 훈련을 해야 한다.

가슴과 배를 복식호흡처럼 인위적으로 나오게 하면 안 된다.

호흡의 힘, 즉 내부에서 에너지가 팽창하는 힘으로 자연스럽게 들숨 날숨에 의해 팽창과 수축을 하는 것이다.

대동맥이 앞으로 튀어나오는 듯 기운이 몸 안에서 밖으로 팽창하는 느낌이다.

많은 시간을 잘못된 호흡으로 살아왔기 때문에 폐와 심장의 기능은 약해져 있고 횡격막은 굳어져 들숨에 갈비뼈가 벌어지질 않는다.

가슴을 여는 것이 첫 관문이다.

- 2단계: 들숨과 날숨

코 호흡으로 폐포가 살아나 폐활량이 커지고 명치가 열려 온몸으로 호흡이 가능해지면, 다음은 코로 깊게 들이마시고 강하게 입으로 내뱉는다.

코로 깊게 들이마신 호흡을 날숨에 아래에서 끌어올려 뱉어 내고 어깨에 힘이 들어가지 않게 한다.

여기까지 부드럽고 강한 호흡이 되면 혈을 스스로 강하게 돌리게 되어 혈관 문제, 순환의 문제, 자가면역, 당뇨, 치매, 바이러스, 염증, 우울 등 몸과 정신의 많은 고질병들을 조절할 수 있게 되고 약을 끊을 수 있게 된다.

- 3단계: 대주천

기가 앞쪽 임맥에서 뒤쪽 독맥으로 크게 한 바퀴 도는 것을 대주천이라고 한다.

강한 호흡으로 혈을 돌릴 수 있으면 다음 단계로 들숨의 에너지를 날숨에 척추로 강하게 밀어 올려 대주천을 시키는 것이다.

입술은 꼭 다물다시피 하여 아주 가늘고 길고 강하게 온몸의 탁한 에너지를 날숨에 입으로 빼내어 준다.

화장실에서 힘 줄 때의 느낌이지만 상체에 힘이 많이 들어가지 않게 하며 하체의 힘과 강한 날숨으로 에너지를 밀어 올려야 한다.

호흡은 코와 입으로 들고 나지만 모든 집중은 몸 안에서 이동하는
에너지와 단전에 집중한다.

에너지는 생각의 집중으로 어디로든 움직일 수 있다.

즉, 어디에 숨어 있는 병도 제거할 수 있는 것이다.

척추에서 모든 장기로 신경들이 뻗어 나가므로 원인을 알 수 없거나
낫지 않는 병, 척추의 문제들을 강한 날숨에 척추 신경들을 정화하면
된다.

에너지를 대주천으로 돌리게 되면 에너지가 커진다.

– 4단계: 차크라 호흡

경진 치유의 차크라(단전)는 기존 7개의 차크라에서 나아가 13개의
차크라를 사용한다.

날숨의 에너지를 척추로 밀어 올려 대주천이 되면 차크라 호흡이 되
어야 한다.

차크라 호흡에 태양에너지를 실어 주어야 한다.

에너지 명상에서 태양의 에너지를 느끼는 훈련이 되어 있어야 한다.
이제 본격적으로 태양 빛을 받으며 태양의 뜨거운 열과 에너지를 차크

라에 끌어당겨 신경과 근육을 타고 온몸으로 뜨거운 에너지를 보내면 힐크가 된 듯 초인적인 에너지가 생기게 된다.

차크라의 집중도가 관건이다.

밖에 있는 神이 아닌 온전히 내 안에 집중하는 것이다.

이 순간은 나의 생각으로 에너지를 이동시키며 내가 神이 되어야 한다.

몸에 닿아 따뜻한 태양열을 느끼며 차크라가 블랙홀이 되어 인체로 당기는 것이다.

차크라에 흡수한 태양에너지를 병이 있는 곳에 투하하면 어떤 병도 소멸된다.

한 번만 경험해 보면 가히 기적이라 할 수 있을 것이다.

차크라는 깊은 의식, 영적 세계와 통하는 문이며 우주의 고차원 에너지를 흡수하는 블랙홀과 같다.

인간의 오감으로 볼 수 없고 알 수 없는 세계와 통하는 신비스러운 통로이다.

치료되지 않거나 원인을 알 수 없거나 영적인 병이 있거나 불치의 병들은 인간이 볼 수 없는 세계로부터 가지고 온 병이다.

차크라에 태양에너지를 실어 돌리면 원인을 알 수 없는 병에서부터 치유할 수 없는 병들의 치유가 가능하다.

퇴마, 천도가 되는 건 말할 것도 없다.

- 5단계: 기적이 일어나는 기도

중병으로 움직일 수 없거나 척추 신경의 문제로 불구일 때는 믿음과 몰입, 상상 등 생각의 힘이 절대적으로 강해져야 한다.

가장 중요한 긍정의 마음과 의식의 변화가 필요하다.

이때 기도의 힘이 기적을 낳을 수 있다.

다만 기도의 방법이 잘못되어 있다.

종교적 신념이 아주 큰 사람은 자신이 믿는 신에게 기도하되 의지하고 살려 달라는 나약함과 의탁하는 마음으로는 안 되며, 바깥으로 기도의 에너지를 보내는 방법에서 벗어나야 한다.

신을 외치고 부르되 내 안에서 부르고 그 에너지가 뭉쳐져 호흡으로 에너지를 돌려 실질적으로 나의 몸에 힘이 생겨나는 걸 느껴야 하고, 아픈 곳의 병마를 상상으로 떠올려 직접 수술하거나 정화하여 호흡으로 빼내는 것이다.

신에 대한 강한 믿음을 에너지를 만드는 원료로 쓰는 것이지 신을 붙잡고 사정해선 절대 안 된다.

신의 개념과 믿음의 개념부터 바꿔어야 한다.

신에 매몰되어 있으면 내 안의 에너지 문을 열 수 없다.

인간은 불치의 병이 오거나 감당할 수 없는 일이 닥치면 종교와 신에 의지하게 된다. 신에 빌고 기대는 순간 자신 안에 있는 기적의 에너지는 힘을 잃게 된다. 부디 기적을 보려거든 신을 찾아 헤메지 말고 내 안의 에너지에 집중하면 신이 나에게로 온다.

종교는 사랑과 위안을 느끼게 하고 기댈 수 있게 하는 목발과 같은 큰 존재로 스며든다. 목발에 기대면 스스로의 힘으로는 일어서지 못한다.

자신에 대한 믿음의 힘으로 에너지를 만들고 이동시켜 마비된 신경을 살려 내고 암을 소멸시키며 기적이 일어난다.

하늘의 뜻이 내 안에서 이루어지는 것이다.

과학도 의학도 당신을 고쳐 줄 수 없으므로 불구가 되었고 당신은 좌절하고 포기하고 있다.

당신을 치료하고 일으켜 세울 이는 당신밖에 없으나, 이 사실을 믿지 않는다.

당신은 신의 에너지를 가지고 있다.

그 에너지의 사용법을 익히면 된다.

사지가 성하면 앞의 4단계 수련을 하면 되겠지만 움직이기 힘든 경우엔 의식의 집중으로 자신이 집도의가 되어 치유할 수 있다.

현재 내 안에 벌어지고 있는 상태를 증강 현실로 떠올리며 집중된 생각과 확신으로 스스로 집도의가 되어 수술하면 된다.

신에 대한 믿음이 강하면 그 신을 매개체로, 없으면 태양에너지를 매개체로 사용하면 된다.

자신의 병을 이겨낼 수 있다는 희망과 병의 메커니즘을 확실히 알아야 집도의가 될 수 있다.

어떤 이유에서 생기는 병인지, 어떤 신경이 문제인지, 그 신경은 어떤 작용을 하는지 등등 많이 알수록 좋다.

다만 나의 뇌에서 의식에서 몸에서 확실히 인지할 수 있을 정도로 깊게 알수록 좋다.

침대에 누워 좌절만 하지 말고 몰입해서 공부하고 자신을 봐야 한다.

그리고 앞 4단계 호흡법을 최대한 수련해야 한다.

호흡법을 수련하지 못할 정도의 경우엔 믿음과 몰입의 힘으로 수술해야 한다.

상상과 몰입의 힘이 커지면 내 인체의 모든 것들을 움직이고 바꿀 수 있으며 장기와 세포 신경까지 변화시킬 수 있다.

예를 들어 보자.

만일 사고나 어떤 충격으로 척추 신경이 손상되어 신체가 마비되었을 때 척추를 떠올리고 손상된 신경을 떠올린다.

상상하는 것도 각자 깊이가 다르다.

약간의 상상을 하다가 끊어지는 단계, 몰입해서 오랜 시간 이어 갈 수 있는 단계, 현실처럼 증강 현실로 떠올리는 단계 등.

민음이 크면 빠르고 깊게 몰입되며 몰입도가 약한 이도 훈련으로 늘려 갈 수 있다.

눈을 감고 몰입하여 손상된 신경에 태양에너지를 흡수해 신경을 막고 있는 검고 차가운 에너지를 태양에너지의 뜨거운 열로 녹이거나 태워 호흡으로 빼내어 신경이 작동됨을 계속 떠올려 상상한다.

민음이 약하면 깊은 의식에서 받아들이질 않아 몰입을 방해한다.
신경이 끊어졌다는 건 그곳을 흐르는 에너지가 끊겼다는 말이다.
끊어진 부분을 태양에너지로 연결시켜 작동되는 상상을 해야 한다.

신경은 볼 수 없으므로 에너지가 연결된 상상이 쉽지 않다.
태양 빛을 쬘 수 있는 곳으로 이동하여 앞에 호흡법을 익혔듯이 차크라에 뜨거운 태양에너지를 실어 강한 날숨에 태양에너지를 끊어진 곳에 연결시키는 것이다.

생각과 믿음은 에너지를 만들고 그 힘은 무궁무진하다.

경진 치유법(태양에너지 치유)

코로 깊게 들이마시고 입으로 강하게 내쉬면서 날숨을 그냥 버려선
안 된다.

입으로는 길게 날숨을 뱉고 있지만 단전에서 에너지를 빨아들인다.
단전에서 진공청소기로 빨아들이는 상상을 하면 좋다.

들숨에 산소를 마시고 날숨에 에너지를 흡수하면 들숨의 10배 이상
의 큰 에너지를 얻을 수 있다.

들숨엔 산소를 얻어 장기와 세포에 힘을 주고 날숨엔 태양에너지를
단전으로 흡수해 병을 일으키는 염증을 직접 사멸시킨다.

코와 입은 단지 들고 나는 기능만 할 뿐이다.

숙련이 되면 들숨과 날숨 모두 온몸으로 또는 차크라로 에너지를 빨
아들인다.

에너지 치유는 의식의 집중도에 따라 치유의 크기가 달라진다.

차크라 호흡이 되면 에너지가 커지고 차원이 달라진다.

차크라에 대한 이해와 믿음 그리고 문을 열어 활용하는 법을 깨치면
다른 차원으로 이동과 함께 기적의 나라를 체험한다.

믿음이 흔들리고 번뇌가 일어나면 의식의 집중이 깨진다.

오롯이 호흡에만 집중하는 시간을 늘리고 더 중요한 건 짧은 시간이라도 초집중이 돼야 하는 것이다.

이렇게 날숨에 하단전으로 들이마신 태양에너지를 척추로 강하게 밀어 올려 준다.

척추 신경에서 모든 기관으로 신경이 뻗어 나가므로 막히고 손상된 신경을 강한 호흡에 태양에너지를 실어 뚫어 주고 정화하여 치유시킨다.

신경의 막힘에는 저차원 영적 존재들이 막고 있는 경우가 많다.

정신의 이상, 기능의 이상, 장기의 이상, 바이러스나 균 등 신경을 막고 있는 음기를 태양에너지를 척추로(대주천) 강하게 돌려 주면 치유할 수 있다.

이것이 태양에너지 치유의 근본이다.

스토리

60대 교수님이시다.

지인의 장례식장에서 갑자기 쓰러졌다. 몸이 약하신 분인데 운이 좋지 않을 때 강력한 음터에서 살기를 맞게 된 것이다.

살기(殺氣)는 예식장이든 장례식장이든 인간이 많이 모이는 곳에 어디든 있으며 나의 에너지가 약해졌을 때 침범한다.

특히 밤에 산이나 바다, 종교 시설에서의 기도를 조심해야 한다.

밤은 음기가 지배하는 영역이다. 태양이 없기 때문이다.

종교인들이나 무속인 그리고 영적 공부를 하는 수련인들이 능력을 얻기 위해 밤에 기도를 하면 귀신의 힘을 얻을 순 있으나 아주 어리석은 행동이며 실수이다.

교수님은 후로 전혀 거동을 하지 못하고 누워 계신다고 했다.

온갖 합병증들이 덮쳤으며 병원에선 간경화 말기라고 한다.

나름 수행을 하시는 분이었지만 깨달음에 대한 집착으로 고집과 아집이 너무 강하신 분이다. 본인이 너무 많이 아는 게 문제이다.

찾아가 보니 복수는 차오르고 식사도 할 수 없으며 의식도 불분명해진 상태였다. 음기에 완전히 잠식당해 있었다.

운이 안 좋을 때는 결혼식장에서도 장례식장처럼 살기를 맞기도 한다.

평소 나를 신뢰했기에 음기를 흡수시켜 급한 불은 꺼드렸다.

"교수님, 저를 믿으시고 제가 알려드리는 대로 수련하시겠습니까?" 하니, 그러겠다고 하시면서도 깨달음에 대한 집착에 매여 있는 것이다.

몸과 마음이 병든 상태에서 어찌 깨달음을 얻을 수 있을 것인가…. 안타까울 뿐이었다.

평소에 명상과 호흡법을 하시는 분이라 잘 따라 하실 줄 알았으나 깨달음만 외치다 수련하지 못하고 돌아가셨다.

자신 안에 최고의 의사가 있음을 믿기만 하면 이미 성공한 것이다.

힐러

힐러는 온몸이 차크라가 되어야 한다

차크라에 에너지를 넣고 빼는 흡공과 발공의 능력이 기본이다.

에너지를 어느 부분까지 침투시킬 수 있는지에 따라 조상신의 에너지를 받는 약손, 경락, 마사지사 등이 있고, 작은 에너지를 정화시키고 주입할 수 있는 기 치료사, 무당, 도사가 있으며 그리고 신경과 유전자까지 파고들 수 있는 고차원 에너지를 다루는 마스터 등 많은 단계가 있다.

힐러는 보이지 않는 세계를 보는 능력에서부터 역학 공부는 물론이고 에너지를 다루는 능력과 치유의 능력이 있어야 한다.

앞으로 인신령(조상 수호신) 에너지로는 다가올 병마들을 막아낼 수 없다. 고차원 에너지와(천신 이상의 수호령) 함께해야 고통에서 벗어날 수 있다.

힐러 본인의 의식이 맑고 고차원으로 상승되어야 그에 맞는 차원의 에너지를 만날 수 있으며 혹세무민하지 않는다.

조그마한 능력이 생겼을 때 가장 위험하고 교만해진다.

이때 사이비가 되거나 신에 대한 잘못된 관념이 굳어져 사람들에게 가스라이팅을 하게 된다.

힐러가 능력이 생겼을 때 그것에 도취되면 동네 점쟁이로 끝날 것이고 다음 생 또한 그 업과 습으로 점쟁이의 길을 벗어나지 못한다.

이제 바뀐 세상은 남을 이롭게 해야 자신이 이로워진다.

이치가 드러나는 세상으로 잔재주로 거짓 선동하는 자들은 그와 함께하는 모든 이들을 고통으로 몰아넣게 된다.

스토리

종종 나를 찾아오는 이가 있었다.

그는 치매 걸린 어머니 때문에 늘 걱정하며 한 번만 어머니를 보아 달라 하였다.

만나 보니 최악의 상태는 아니었지만 이미 뇌세포들이 괴사하여 어린아이가 되어 가는 중이었다.

그에게 어머니의 상태를 이야기해 주고 이런저런 이야기를 하다 에너지 치유를 하게 되었다.

뇌세포와 신경이 많이 상해 있어 뇌 쪽에 태양에너지를 주입했다. 가슴은 막혀 순환이 거의 되질 않아 산소 공급이 안 되는 상태여서 가슴에도 에너지를 주입하였다.

눈에 빛이 들어오고 말하는 게 달라졌다.

벌써 30년 전 치유 공부를 하고 있을 때이다.

치매 환자 치유는 처음이라 반신반의하는 마음이 있었지만 나를 믿고,

태양에너지를 믿고 실행하였다.

빠른 차도에 나도 즐거웠던 기억이다.

모든 병의 70%는 유전으로 내려온 것이고 이번 생의 안 좋은 환경과 습관이 30%이다. 안 좋은 유전자를 가지고 있어도 스위치를 켜지 않으면 작동되지 않는다.

이 어머니 또한 친가 할머니가 치매로 주위 사람들을 고생시키다 가셨다. 그 할머니의 유전자가 사례자의 어머니와 함께하고 있는 것이다.

병의 원인을 따질 것도 없이 모든 병은 음기이고 냉기이다.

태양에너지는 모든 음기와 냉기를 제거하고 다스린다.

이 스토리에서 하고 싶은 이야기는 치매 치유 성공담이 아니라 힐러의 욕심에 대해 이야기하려는 것이다.

나는 본래 타고난 체력이 약해 온갖 병들에 시달렸고 아픈 이들을 보면 마음이 조급해져 빨리 낫게 하고 싶어 했다.

음기를 보면 빨리 제거해야겠다는 마음뿐이다.

그 마음이 욕심이다.

더군다나 치유 받는 이들은 무엇을 받았는지조차 모르니 화장실 들어갈 때와 나올 때가 달라지듯 그들의 마음은 변하여 더욱 허무해질 것이다.

그들이 고통을 겪는 이유가 있는 것인데 아무런 참회와 공부 없이 힐러의 재량으로 치유를 해 주면 그 또한 부작용을 부른다.

급한 상황에 준비 없이 나의 에너지를 쏟아 내어 주고 나서 우연히 병원에서 체온을 재 보니 30도로 심각한 저체온이 되었다.

빨리 충전을 하지 않으면 고통과 후유증은 힐러가 감당해야 한다.

치유할 때 공급하는 에너지는 온전히 자연의 에너지여야 한다.
경진 치유법의 에너지는 태양으로 준비가 된 다음 치유에 들어야 한다.
급한 마음에 치유를 시작하면 힐러의 에너지를 소진하게 된다. 치유 전 준비는 중요하며 섣불리 하지 않아야 된다.

온전히 이치를 깨치지 못하고 에너지를 쏟아 내면 환자의 치유는 있겠지만 힐러의 명줄은 짧아진다.
치유사들은 명심해야 한다. 어떠한 능력이 생겼다고 해서 이치를 온전히 깨치지 못한 상태에서 돈벌이와 명성을 얻기 위해 에너지를 계속 방사하고 능력의 신기함에 빠져 환희에 젖어 깨어나지 못하면 그것으로 공부는 끝나게 되고, 힐러의 에너지는 소진되고 영혼은 깊은 수렁으로 빠져들게 된다.

더욱더 깊이 수행하여 우주와 인간과 치유의 이치를 깨쳐 많은 이들에게 스스로 치유하고 깨어날 수 있는 이치를 알려 주어야 한다. 섣불리 에너지를 사용하면 안 된다.

나는 이제 개인적인 치유는 하지 않는다.
치유의 이치를 세상에 알리는 것이 내가 할 일이다.
신의 능력이나 기적은 특수한 사람만 할 수 있는 것이 아니다.
이제는 그런 신비주의에서 벗어나야 하며 자신에 집중하면 누구나 신의 능력을 가질 수 있다.

기적의 치유 - 태양에너지

호흡으로 태양에너지를 인체에 주입하면 기적의 치유 능력을 갖게 된다. 간단하지만 강력하고 직관적이다.

수많은 집 중에 유독 곰팡이가 피는 집이 있다.

하얗게 시작된 곰팡이는 검게 변해 썩어 간다.

곰팡이가 피어나는 원인은 그곳이 습하기 때문이다.

그래서 할 수 있는 건 그곳을 깨 내고 공사를 다시 하는 것이다.

새집이 된 줄 알았으나 시간이 지나면서 다시 곰팡이가 피어오르고 검게 썩는다. 매년 공사와 도배를 다시 한다.

원인은 태양이 비추질 않아 어둡고 냉하며 땅에서 올라오는 습기 때문이다. 습기를 잡을 방법은 전혀 없다. 그 집과 땅에 태양이 절대 들 수 없는 구조로 음터이기 때문이다.

인체도 그와 같다.

유독 어떤 이들은 염증이 많고 암이 재발한다.

그 사람의 체질이 습하고 냉하기 때문에 장기를 도려내고 독한 약으로 연명한다.

습기와 냉기는 곰팡이와 염증을 만들고 혈액을 더럽게 만들며 검게 변하여 썩고 암이 된다.

습기는 바이러스와 세균의 안식처이다.

습기의 원인은 태양 빛이 안 들어오는 것이다.

태양 빛이 들어오면 절대 습기가 피어나지 않고 암이 생기지 않는다.

그럼 타고난 습하고 냉한 체질을 어떻게 바꿀 것인가?

그 해답이 태양 빛이다.

태양 빛이 들 수 없는 곳의 습한 땅에 태양 빛을 비춰 주면 그 땅은 포근한 양지가 된다.

그렇듯 타고난 습하고 냉한 인체에도 태양열이 들어오기만 한다면 어떤 염증이나 바이러스 세균 등 곰팡이들이 제거된다.

태양 빛을 인체의 깊은 곳까지 끌고 오는 유일한 방법이 집중과 호흡이다.

집중이란 태양에너지 명상을 뜻한다.

태양에너지 명상은 태양열을 나의 몸에 끌어오는 역할을 하고 태양에너지 호흡은 태양열을 곰팡이가 피어 있는 인체 깊은 곳으로 이동시키며 그곳에 집중적으로 에너지를 쏟아붓는 것이다.

서두에 병의 원인과 치유 방법과 전생, 영적인 관계, 조상 등 일반인들이 궁금해하는 말들을 구구절절 적었으나 핵심은 태양 빛이 들지 않는 타고난 구조라도 태양 빛을 끌어와 비출 수만 있으면 곰팡이가 사라진다는 것을 설명하기 위함이다.

이 간단하고도 확연한 이치는 3살짜리 아이도 알고 있는 진실이나, 인체 안에 태양 빛을 비추게 하는 방법을 인류는 지금까지 알 수 없었다.

기존의 수련법인 단진호흡과 명상은 아주 중요하고 필수적인 호흡법이다.

하단전은 원기를 회복시키는 중요한 차크라로서 모든 호흡 수련의 근간이다.

이젠 하단전 차크라뿐 아니라 모든 차크라를 이용해 호흡해야 한다.

이제 변화하는 우주와 지구의 급변 속에 생존이 위협받는 시대가 되었다.

자신의 건강과 고통받는 이들을 치유하는 고차원의 강한 호흡법과 치유법이 필요하고 깨어날 수 있는 수련법이 필요하기에 경진 치유법을 인류에 전하려고 한다.

경진 치유법에는 태양에너지 호흡, 태양에너지 명상, 태양에너지 치유법이 있다.

기존의 명상, 호흡법과 기본은 비슷해 보이나 결정적인 차이가 있다.

그것은 태양에너지와 차크라에 있다.

지금까지 명상이나 호흡, 요가 등 많은 수련법이 있었으나 힐링 차원에 머무르거나 몇몇 타고난 이들만 극적인 효과를 볼 수 있었다.

보통의 수련자들은 에너지가 약해 오랜 기간 수련해도 기초에 머무를 수밖에 없는 수준의 힐링이었다.

지금까지 힐링의 시대였고 마음을 어루만져 주는 인문학의 시대였고 무속과 신비주의 시대였다.

이제는 생존의 시대로 힐링을 넘어 즉각적인 치유가 필요한 시대이다.

경진 치유법은 짧은 시간에 큰 에너지를 운용하고 치유가 빠르며 어느 누구든지 믿음과 집중력만 있으면 어떤 병도 스스로 다스릴 수 있는 고차원 에너지 치유법이다.

이제는 불의 시대, 에너지의 시대이다.

물질세계도 정신세계도 불의 속성처럼 뜨거워지고 위로 솟아 정신의 분열과 몸과 영혼의 고통이 심해지고 있다.

질병은 더욱 강해져 약이 없고 많은 이들이 고통에 빠질 때 치유할 수 있는 이들이 없다.

경진 치유법은 스스로 치유하는 우주 고차원 치유법이다.

이 글을 읽고 읽어 원리를 깨우치는 만큼 큰 에너지를 갖게 될 것이다.

8.

지구와 인류는
어떻게 될 것인가

아직은 종말이 아니다

많은 사람이 알고 있는 종말이란 세상의 끝을 뜻하는 것이 아니라, 지금보다 한 차원 높은 단계인 새로운 차원으로 들어가는 것이다.

그 과정에 자연의 파괴로 인해 많은 사람이 재해와 역병으로 고통받는다. 이미 우주의 기운이 변화되기 시작하였으며 지구의 에너지도 바뀌고 있다.

에너지가 변하면서 자연재해와 역병이 창궐하게 된다.
이런 일들은 하루아침에 일어나 지구를 두 동강 내진 않는다.
서서히 진행되지만 어떤 이에겐 내일 당장이 되기도 하며 서민들에겐 고통의 시간이 된다.

이렇듯 고난의 시간에도 인류는 여전히 물질만 향해 전력을 다해 뛰고 있다.
앞으로 서민들은 물질세계에서 더욱 소외되고 정신적인 병들과 의학이 따라가지 못하는 많은 병이 생기게 된다.

이들이 치유 받을 수 있는 곳이 턱없이 부족하게 되고 개인도 나라도 서로를 믿지 못하고 분열의 시대가 된다.

아직 완전한 종말은 오지 않으니 걱정하지 않아도 된다.

지금은 우주의 계절이 바뀌는 환절기로서 지구가 몸살을 앓는 기간이다.

무조건적 믿음의 종교와 일률적 외우는 교육은 쇠퇴할 것이고, 독보적인 기술과 창의성이 발달하고 정신적으로 진리와 이치를 찾게 된다.

지금까지의 종교는 인간의 영성이 어리고 낮은 시대에 하늘에 대한 두려움을 심어 주고 그 시대에 맞춰 종교 지도자들이 세력을 확장하는 데 이용하기도 하였다.

도덕을 유지해 죄를 덜 짓게 하는 순기능도 있긴 하다.

내 안에서 신성을 찾지 못하고 밖에서 신을 찾고 갈구하고 용서를 빌어야 하는 죄 많은 인간으로 살아왔다.

영성을 묶어 차원 상승을 하지 못하게 하는 악영향의 결과이기도 하다.

내 안에 신성을 찾지 못하면 언제까지나 신에게 의지하고 용서만 구하다 끝나는 어린아이의 길에서 벗어나지 못한다.

이제는 각자가 신의 에너지와 함께하는 차원 상승의 시대이다.

새로운 에너지가 내려온다

인간의 탐욕과 이기심이 자연을 훼손했기에 지구가 몸살을 앓는다.

우주적인 차원에서 봄에는 성장하는 시기이고 여름에는 꽃이 피는 시기이며, 가을에는 열매가 달려서 단단해져 수확하고 겨울에는 모든 게 쉬어야 하는 삭막한 시대이다.

지금은 봄의 성장을 지나 여름에 화려함을 끝내고 가을로 들어서는 시기로 숙살이라는 의미를 갖고 있다. 많은 것이 정리되는 때이다.

숙살의 기운으로 들어가기 때문에 인간의 탐욕과 이기심으로 인해 지구가 스스로 정화하고 숙살시키고 움직여 변형하고 비틀어서 스스로 정화하는 시대에 들어와 있다.

자연은 때가 되면 스스로 정화한다.

자연재해가 일어나고 바이러스가 창궐하고 인간들의 이기심이 다시 시작되어 전쟁의 시대로 들어왔다.

지금까지의 인간 의식과 능력을 넘어서는 변화된 우주 주기에 맞춘 새로운 영성과 새로운 에너지를 찾아야 하는 시대에 돌입했다.

하나님이 원하는 건 하나님을 믿고 빌며 충성하는 것이 아니라 각자의 의식이 차원 상승되고 각자가 신이 되어 창조의 힘을 갖고 우주가 팽창하는 것이다.

의식 상승이 되면 고통의 3차원에서 벗어나며 그곳이 천국이며 극
락이다. 이제는 각자 깨어나야 하고 각자가 신의 에너지이며 곧 각자가
신의 분령이란 걸 깨달아야 한다.

우주가 하나로 연결되어 있음을 알아 홍익인간의 세상이 되어야 차
원 상승된 지구에서 차원 상승된 인간의 삶이 지속될 수 있다.

그렇게 되기까지 정화의 시간이 있을 것이고 진정한 참회와 깨어난
이들의 의식이 상승되어 지구의 상승을 이끌게 된다.

영혼의 나이가 어릴 땐 본능에 이끌려 산다.

갓 태어난 어린 영들이 인류의 50% 정도 된다.

이들은 본능에 집중하며 선과 악을 모른다.

영혼의 나이가 중간 단계일 때 선과 악을 나누고 모든 걸 옳고 그름,
이분법적으로 나눈다.

이익을 위해 전쟁을 일으키고 개인의 욕망과 성공을 위해 산다.

이들이 문명을 발전시켰으며 지구 인구의 40%이다.

지구의 운명

지금의 때는 우주의 주기가 변하는 때로 초과학의 우주 시대로 들어서고 있다.

자연의 파괴로 천재지변이 잦아지고 전쟁과 식량 위기, 에너지 전쟁, 그리고 더욱 강한 질병들이 기승을 부리며 많은 사람이 사망하고 고통에 빠지게 된다.

지금까지의 자연재해나 바이러스는 예고편일 뿐이다.

2020년부터 20년간 불의 시대이다.

한쪽에서 불의 고통이 오면 다른 쪽에선 물의 고통이 올 것이다.

땅에서는 불의 고리가 움직여 세계 곳곳에 지진과 해일이 일어나고 핵 시설이 위험해질 것이다.

2022년부터 자연재해와 전쟁이 시작되며

2024년에는 지진의 소식이 자주 들릴 것이고

2026년에 폭발 등 불의 고통, 전쟁이 정점에 이르고

금융은 위기가 올 수 있다.

조류 인플루엔자 바이러스 소식이 인간을 귀찮게 할 것이다.

붉은 대국의 사이코 지도자가 헛된 욕망을 일으킬까 걱정이다.

지구의 온도가 급속도로 높아지는 것을 느껴 경각심을 갖게 되고 조금 더 지구를 살리려 각국의 노력이 있겠지만 고통은 감수해야 한다.

2031년부터 3년간 다시 바이러스의 괴롭힘이 염려된다.
더욱 강력해질 바이러스의 역습은 10년 주기로 찾아올 것이다.

2040년대부터 20년 정도 물의 시대로 물에 잠기는 도시가 생기며, 인간의 활동이 위축되고 어둡고 곤고한 세상이 당분간 이어진다.
묻혀 있던 역병이 다시 창궐하여 많은 사람이 사망한다.
해류의 이상으로 기온이 급변하며 추위와 물의 고통이 가해진다.

이러한 것들은 신의 음성을 듣거나 보는 예언이 아니다.
앞서 운에 대해 언급했듯이 인간도 지구도 운이 있기 때문에 지구의 변하는 에너지의 이치를 예측한 것뿐이다.

분별심이 강한 이들은 예측이 맞는지 틀리는지에만 관심을 둘 것이다.
앞에 나열한 사건들이 전부 일어나진 않겠지만 뜨거운 에너지가 강하게 내려오는 운이므로 온난화와 전쟁 등 많은 사건을 얼마든지 유추할 수 있는 일이다.

신이 내리는 형벌이 아니다.
에너지의 변화를 모르기 때문에 불안 속에 신의 심판으로 여기며 신에 매달리는 것이다.

누군가 예언을 하고 치유를 하는 이가 있다 해도 열광할 일이 아니다. 당신이 조금만 깨어나고 이치를 알면 스스로 행할 수 있고 불안에서 벗어날 수 있다.

나는 고차원의 신들과 소통하며 인간이 알 수 없는 것들과 능력들을 가졌었다.

그 신비함에 계속 빠져 있으면 능력을 유지하기 위해 나 또한 신을 숭배하며 신의 위대함을 전하고 내가 신의 대리인이라며 사람들을 현혹하고 있을 것이다.

그리하여 나는 사람들에게 추앙받는 도사가 되어 환희와 자만 속에 살아가며 나의 영혼은 더욱 퇴보되어 윤회의 어두운 길에서 벗어나지 못할 것이다.

신통을 부리는 자들에 현혹되지 마라.

어떤 큰 신통의 능력으로도 인간 영혼을 구제할 수 없고 차원 상승시킬 수 없다.

한순간 도움을 줄 순 있어도 한 영혼을 깨어나게 할 수 없으며 오히려 그들을 무지 속에 가두고 기대게 하는 종교와 같은 결과를 낳게 된다.

하늘이 원하는 건 인간 스스로의 깨어남이다.

깨어나야 영혼이 차원 상승된다.

神을 받드는 시대에서 神이 되는 시대로 변하고 있다.

지도자들은 깨어나는 법을 알아야 하고 전해 주어야 한다.

그 어떤 신통의 능력도 신비 현상도 나에게 이젠 의미가 없다.

그 능력들은 치유의 이치를 깨닫고 알리기 위해 단계적으로 거쳐 가는 과정이었을 뿐이다.

지금 온통 세상이 종말론에 다시 휩싸이고 있다.

종교판, 도판, 영성, 과학 할 것 없이 모두가 종말을 이야기한다.

지구가 끝나는 종말은 아직 멀었지만 역사상 가장 안락하고 편했던 현대인들은 앞으로 다가올 약간의 고통이 종말보다 더 힘들게 느껴질 것이다.

인간의 탐욕으로 비롯된 지구의 재앙을 막을 수는 없다.

지구 스스로가 정화하기 위해 변화를 일으키는 것이며 인간의 영혼도 차원이 상승되는 때이므로 인간과 지구는 고통 속에 다시 태어나 파라다이스의 지구를 만든다.

나의 아바타

이 글을 읽는 당신은 신의 에너지로 분화되어 온 영혼이다.

지구 3차원에 들어오면서 신의 에너지를 망각하게 되고 윤회 속에 인간의 욕구에 몰두하여 돈이 신이 되고 내면의 참 나와 수호신 따위는 안중에 없고 미신으로 치부한다.

오감에 의지하여 창조의 능력은 사라지고 물질 성장 시대의 획일적인 교육에 의해 선악을 규정해 놓았고, 죄 많은 중생으로 자처하고 용서를 빌며 하늘로 에너지를 올려 보내는 미숙한 기도만 하며 언젠가 온다는 구원의 존재와 구원의 날만 기다린다.

자신의 고통을 해결하는 법을 찾지 못하면 해결법을 찾을 때까지 차원 상승을 하지 못한다.

게임 속 조종당하는 아바타의 삶이 될 것인지, 상위 차원에서 아바타를 조종하는 게이머가 될 것인지는 자신이 결정할 수 있다.

아바타는 게임 속 쏟아지는 위험물들을 피하고 재물을 쌓을 창고를 짓느라 몰두해 있기 때문에 그곳을 현실 세계로 느끼며 재물 창고를 지키며 언제 날아올지 모를 위험 속에 고통스러워한다.

게임 속에서 재물 창고를 많이 짓고 있는 아바타는 그곳의 왕이 된 양 무지와 어리석음에 빠져 게임 속 재물을 끝없이 추구한다.

고통 속에 끝없는 위험을 대하는 아바타는 분노와 원망 속에 가끔 주어지는 즐거움과 환희에 빠져 자신의 본성을 찾지 못하고 그 챕터를 넘어가지 못하며 갈수록 더 많은 총알이 날아오는 미션을 반복하게 된다.

이것이 육도 윤회를 끝없이 반복하는 윤회의 이유이다.

위대한 인간의 삶을 어찌 그런 게임과 비교할 수 있나 하겠지만 무지를 벗어나지 못하고 있을 땐 게임 속 아바타와 같을 뿐이다.

높은 차원계에서 내려다보면 인간의 삶은 게임 속 아바타와 같다.

의식이 확장되어 게임에서 벗어나 게이머의 시점에서 내려다보면 게임을 만들어가는 창조의 힘이 생긴다.

그렇게 의식이 확장되어야 운명을 개척할 수 있다.

게임을 만들어 가는 사람이 될지 만들어 놓은 게임 속의 아바타가 되어 프로그램대로 끌려갈 것인지는 각자의 선택이다.

깨어나야 한다. 아바타에서 벗어나야 짜여진 판을 바꿀 수 있다.

요즘 상상과 몰입에 관한 자기계발서가 많이 나오고 있다.

글자만 다를 뿐 같은 메시지를 담고 있을 것이다.

이런 의식 혁명에 대한 책들을 깊게 파헤쳐 보면 조금씩 의식 확장의 의미를 알 수 있을 것이다.

지금은 의식 혁명의 시대이다.

의식 변화는 운명을 바꾸고 개척해 나가는 데 있어 씨앗을 뿌리는 중요한 단계이다.

인간은 이번 한 생에 포커스가 맞춰져 있다.

모두가 똑같이 잘 먹고 잘사는 것만이 목표가 되어 게임 속 아바타로 충실히 살며 프로그램에서 벗어나지 못한다.

모든 성인(聖人)이 게임에서 벗어나는 법을 전해 주고 갔다.

그것이 차원계를 벗어나는 길이고 해탈의 길이고 천국으로 가는 길이다.

9.

치유 사례

많은 이들의 사례 편지가 왔으나 너무 비현실적인 사례나 맹신과 신비주의를 느끼게 하는 사례들은 싣지 않았으며 누구나 겪을 수 있는 사례만 실었다.

▶ 사례 1: 서울 김○○ (女)

나는 어려서부터 불우한 환경에서 자랐고 반발심에 학업을 중단했다. 외모로 빠지지 않던 나는 남자들과 어울려 어두운 세계에서 방황하며 살았다. 그 당시엔 그게 방황이었는지도 몰랐다.

그저 재밌었고 이끌어 주는 이가 없으니 性적으로도 방종하는 철없는 시간을 보냈다.

성인이 되어 기술도 배워 직장생활도 해 보려 했지만, 몸이 따라주질 않았고 성에 차지도 않아 바로 그만두고 밤업소 일을 전전하였다.

나는 점점 더 돈만 탐하고 편하게 사는 법만 찾았다.

유부남을 만나 그들의 가정이 위험에 처해도 별 죄의식조차 느끼질 못했다.

그러다 경진 선생님을 만나 운명에 대한 이야기, 우주에 대한 이야기 등 나의 근원에 대한 이야기를 듣게 되었다.

평소 나의 별과 나의 영혼에 대해 궁금증이 많아 귀담아들었지만 그때까지만 해도 소설 속 이야기로만 알았다.

어느 날 선생님께서 제자들과 산에 수련하러 가실 때 같이 따라갈 수 있게 되었다.

조금 올라가자 발이 부어오르고 무릎과 다리가 아파서 한 걸음도 뗄
수 없었다.

높은 힐을 오랫동안 신어서인지 오래전부터 발가락부터 무릎까지
자가면역질환에 고통받고 있었다. 오랜 시간 약을 먹어도 몸은 부어 오
고 생활이 힘든 상태였다.

어쩔 수 없이 선생님께 못 가겠다고 말씀드리고 포기하려 했다.

선생님께서 내 발을 보시더니 눈을 감고 에너지를 넣어 주셨다.

통증은 신기하게 사라졌고 나는 다시 올라갈 수 있게 되었다.

처음 느껴보는 신기한 일이었다. 내려와서 헤어질 시간이 되어 선생
님께서 나의 배를 가리키시며 말씀하셨다.

"아직도 아이가 함께 있구나."

깜짝 놀라 지난날 나의 치부를 들킨 것만 같아 당황스러웠다.

"해를 끼치는 아이는 아니니 걱정 말아라."라고 하셨는데 눈물이 쏟
아졌다. 오랜 시간 가슴에 맺혀있던 일이라 순간 설움에 눈물이 터져
나왔다. 여러 번의 낙태와 그로 인해 나팔관까지 제거한 상태였다.

선생님께서 물어보시길, "몸을 파는 여인은 몸과 영혼이 더러울까
아닐까?"라고 질문하셨다. 나는 대답할 수 없었다. 한참 생각 끝에 "더
럽혀진 사람입니다."라고 하였다.

"왜 더럽혀진 사람일까?"라고 또다시 물으시자, "몸을 파는 건 나쁜
일이고 윤리적으로 가장 천박한 일입니다."라고 답했다.

"몸을 팔아 나쁜 게 아니다. 굶어 죽어 가는 자식을 위해 몸을 팔아야 하는 이도 있고 어떤 이는 한 시절 철없을 때 잠깐 그렇게 살다 참회한 이도 있다. 그런 이들은 언제든 되돌릴 수 있다. 그러나 대부분의 몸을 파는 여인은 의식의 차원이 낮아 부끄러움을 모르며 재물을 위해서라면 그로 인해 고통받는 사람이 있어도 죄의식이 없어 그 길을 벗어나지 못한다. 그들도 의식의 차원이 상승이 되면 부끄러움을 알아 몸을 팔지 않게 되고 허물을 뉘우치게 된다. 쥐들은 그들이 살고 있는 시궁창이 더러운 걸 모르고 즐겁게 산단다. 의식이 상승되면 다시는 시궁창에 들어가지 않는다."라고 하셨다.

처음엔 사실 내 과거가 부끄럽긴 했지만 깊은 의미를 알 수 없었다. 시간이 지나고 나의 의식이 조금씩 밝아지니 그 의미를 알 수 있었다.

지금은 열심히 태양에너지 수련을 하며 나와 함께했던 탁한 에너지의 조상들과 내 아이들의 원혼들과 이별해 가고 있다.

여러 중독과도 이별하고 있다.

술을 끊으니 주위 사람들을 힘들게 했던 폭력적인 주사도 자연히 없어졌고 새로운 삶을 살며 열심히 수행하여 미래를 바꾸고 있다.

태양에너지를 호흡으로 돌리면서 몸 안에서부터 나오는 밝고 따뜻한 에너지를 말로 설명할 수가 없다. 몸의 고통부터 가슴속에 가득 차 있었던 분노와 슬픔, 차갑고 탁한 에너지들이 빠져나가니 정신은 맑아지고 마음은 안정되며 호흡이 깊어져 의식의 상승이 어떤 것인지 깨닫게 되었다.

이 짧은 글로 경진 선생님에 관한 기적 같은 일을 다 담을 수 없으나 선생님은 분명 내게 그런 기적 같은 일들을 스스로 해낼 수 있는 법을 알려 주셨다.

나를 다시 태어나게 하셨으며 나 또한 지난 과오를 참회하고 사람들을 도울 수 있는 삶을 살려 한다. 어두운 과거에 알던 나의 주변 사람들부터 어둠에서 벗어나게 하고 있다.

* 이 책으로 많은 이들이 고통에서 벗어날 수 있는 법을 찾길 바랄 뿐입니다.

감사하고 감사합니다. *

저희 아버지는 췌장암 말기이고 병원에선 더 이상 치료를 포기했고 의식도 거의 없는 상태였습니다.

편하게 보내 드리고 싶은데 변을 오래 못 보셔서 너무 고통스러운 나날의 연속이었습니다.

여러 차례 방사능 치료를 받으며 에너지가 완전히 소진된 상태였고 모든 장기는 굳어 아무것도 배출하지 못하는 고통스러운 상태였습니다.

고통이 너무 심해 이대로는 하늘로 올라가시기 힘들겠다는 생각이 저를 힘들게 했고, 염치를 무릅쓰고 경진 선생님을 찾아뵙고 아버지의 고통을 없애 주시길 간곡히 청하였습니다.

경진 선생님께서 오셨고 이틀간 태양에너지를 보충해 아버지의 굳은 장기를 풀어 드리고 식구들께 마지막 준비를 하라고 하셨습니다.

그 후 아버지는 이틀간 7번의 변을 보셨고 너무 행복해하시며 감사 인사를 전해 달라시고 떠나가셨습니다.

7일 후 어머님 꿈에 아버지가 빛이 나는 몸의 형체로 나타나 말씀은 없었지만 환희의 느낌을 받을 수 있었다고 하시며 눈물짓는 어머니를 보며 온 가족이 기쁨과 감사의 눈물을 흘렸고 치유의 느낌을 받았습니다.

사망 전 몸과 마음에 고통이 있는 상태에서 죽음을 맞이하면 그 영혼이 가볍게 오를 수 없음을 알고 있었습니다.

　행복하게 사는 것도 중요하지만 행복하게 가는 것이 더욱 중요하고 그래야 다음 길을 잘 갈 수 있고 남은 가족과 이어질 자손들까지 그 영향을 받음을 오랜 기도와 공부로 알 수 있었고, 그리하여 큰 공부를 위해 경진 선생님 또한 만날 수 있었고 아버지가 편히 가실 수 있음에 너무 감사하고 있습니다.

　경진 선생님께서 말씀하시길 "사후에 제사 지내고 천도재(薦度齋)를 해드리는 것은 소 잃고 외양간 고치는 격이니 에너지를 다루는 공부를 해야 사랑하는 사람들을 내 힘으로 천도시킬 수 있게 된다. 도인이나 특수한 사람만 할 수 있는 게 아니다. 누구나 할 수 있다. 내가 모르면 누군가에게 의지할 수밖에 없다. 그러나 남에 대한 의지는 실패로 돌아갈 수밖에 없으니 스스로가 알아야 하고 힘을 길러야 한다."라고 하신 말씀 잘 기억하고 많은 이들에게 전하겠습니다.

　소중한 인연에 감사드립니다.

저는 40대의 여성입니다.

어려서부터 부모님은 장사를 하셔서 얼굴도 보기 힘들었고 할머니에게 학대를 받으며 자랐습니다.

밤마다 별을 보며 그곳에 가고 싶다는 생각으로 눈물로 밤을 지새웠습니다.

어린 시절을 우울하게 보내고 고등학교를 졸업하자마자 남자를 만났으나 그 역시 저에게 많은 폭행을 가하여 고통의 시간을 보내다 아이가 생겨 어쩔 수 없이 계속 참고 살아야 했습니다.

남편은 술로 지냈으며 밤마다 폭행을 일삼았습니다.

밤낮 안 해본 일 없이 돈을 벌어 갖다 바치며 아이와 눈물로 지냈습니다. 극도의 공포를 겪으며 몸과 마음, 영혼까지 갈기갈기 찢겨 나갔습니다.

정말 살고 싶지 않았지만 아이가 눈에 밟혀 죽을 수도 없었지요.

결국 더 이상 버티지 못해 아이를 안고 도망을 나와 이곳저곳 전전하며 사람이 아닌 삶을 살았습니다.

그러나 아이는 10살이 되던 해 교통사고로 하늘로 가 버렸습니다. 저는 울 힘도 없었고 정신이 나가 이 동네 저 동네 미쳐 뛰어다녔고, 그런 세월 속에 다행히 어머니가 저를 거두었습니다.

연로하신 어머니가 정신이 온전치 못한 데다 갑상샘암에 허리 신경까지 문제가 생겨 움직이지도 못하는 나를 끌고 병원부터 점집, 절, 안 가본 곳이 없게 다녔지만 아무런 차도가 없었습니다.

여러 번의 굿과 천도재, 절에서의 구병시식 유명한 도사들의 기 치료, 오랜 병원 생활 등으로 재산을 탕진하고 빚까지 감당할 수 없이 생겼습니다.

이제는 어머니도 포기하시고 저는 이 절, 저 절 다니며 절일을 돕고 수행을 하며 살고 있었지만 온전치 않은 정신과 몸으로 가는 곳마다 오래 버틸 수가 없었습니다.

그러던 중 마지막에 기거했던 절의 주지 스님께서 제게 말씀하시길, "일주일 후에 도인이 우리 절에 오기로 하였으니 꼭 만나 뵈어라."라고 일러 주셨습니다.

그 당시 저는 이제 세상과의 연을 끊겠다고 다짐하였고 많은 도사, 도인들을 만나 본 터라 큰 힘이 되는 말은 아니었습니다.

일주일 후 그 도인을 먼발치에서 잠깐 뵈었으나 아무 말도 하지 못하고 말았으며 실의에 빠져 지내던 중 '살아야 한다! 살아야 한다!'는 마음속의 외침이 있었습니다.

그 도인을 꼭 다시 한번 더 만나고 나서 생을 정리해야겠다고 결심했습니다.

주지 스님을 통해 도인의 주소를 알아낸 저는 원과 한을 담아 편지를 계속 보냈습니다.

답장은 없었고 "이제 모든 게 끝나가는구나." 할 때 92일째 되던 날

도인께서 다시 절에 찾아와 뵐 수 있었습니다.

저는 그분을 보자마자 대성통곡을 하였고 첫 대화를 할 수 있게 되었습니다.

그분께서 말씀하시길, "아직 안 죽었구나."

"네, 아직 살아 있습니다."

"살고 싶으냐?"

"네, 살고 싶습니다."

"왜 살고 싶으냐?"

"이대로 죽기가 너무 원통하고 죽더라도 선생님을 마지막으로 뵙고 죽으려 했습니다."

"원통하냐? 그럼 너로 인해 죽어 나간 영혼들은 얼마나 원통하겠느냐?"

저는 아무 말도 못 하고 대성통곡하였습니다.

"저는 알지 못합니다. 그런데 왜 제가 이렇게 살아야 합니까?"

통곡하며 따지듯 물었습니다.

"무지의 죄가 얼마나 큰 줄 아느냐? 너는 무당으로 기생으로 여러 생에 너의 그 간특함으로 많은 이들을 힘들게 했었다."

저는 아무 말도 할 수 없어 억울함의 눈물만 쏟아냈습니다.

"한 달 후에 올 테니 날마다 천 배씩 올리며 참회의 눈물을 흘려라."

도인은 이렇게 말씀하시고 떠났으나 내가 성치 않은 몸으로 어떻게 천 배를 할 수 있을지 막막하기만 했습니다.

첫 천 배는 하루에 다 마칠 수 없었습니다.

다음날이 돼서야 첫 천 배를 마치며 분노인지 참회인지 알 수 없는 눈물과 한을 쏟으며 쓰러졌습니다.

보름 후부터는 참회의 눈물로 바뀌는 걸 알 수 있었습니다.

가슴속의 돌덩어리들이 스르르 밀려 나가는 걸 느낄 수 있었고 숨이 쉬어짐을 느꼈습니다.

그렇게 지옥 같은 한 달이 지나고 경진 선생님을 다시 만날 수 있었습니다.

"좀 살 것 같으냐?"

"네, 움직이지 않던 몸이 조금씩 움직여지고 미칠 것 같은 머리와 가슴이 가벼워짐을 느낍니다."

"앞으로 참회하며 사람들 살리는 데 생을 걸겠느냐?"

"그렇게 하겠습니다."

이렇게 첫 관문을 통과하여 선생님께 태양에너지 치유법을 배울 수 있게 되었습니다.

3달이 지나자 몸에 에너지가 채워짐을 느꼈고 통증이 줄었고 정신은 조금씩 맑아졌습니다.

6개월이 지나자 힘이 생기는 걸 확연히 느꼈습니다.

이제는 정상적인 생활을 기대할 수 있으며 가슴속의 원과 한이 많이 사라졌습니다.

선생님과의 약속대로 지금은 아픈 이들을 위해서가 아닌, 나 자신을 위해 아픈 이들을 돌보는 봉사 활동과 제가 수련하고 경험했던 것들을 치유를 원하는 이들에게 전해 주고 있습니다.

지금도 참회의 눈물을 흘리며 두 번째 삶을 살 기회가 주어져서 감사의 눈물이 흘러내리고 있습니다.

2019년 가을, 저는 뇌졸중으로 쓰러져 2년간 투병 생활을 하여 몸이 많이 약해진 상태였습니다.

특히 예전에 폐결핵을 앓았던 터라 호흡기가 많이 약해져 있었습니다.

하루는 제가 출판을 맡은 책의 저자인 최 교수님이 젊은 도인이 왔다고 함께 만나 보자고 해서 경복궁 옆에 있는 최 교수님의 연구소를 찾아갔더니, 교수님의 두 명의 제자와 경진 선생님이 함께 계셨습니다.

최 교수님은 종교학과 교수였는데 종교보다는 초자연 현상과 도인에 관심이 많은 연구인이었고 세계의 초능력자들이나 도인들을 검증하는 분이었습니다.

그래서 가끔 보이지 않는 현상에 대해 얘기를 자주 나눴습니다.

경진 선생님과 첫인사를 나누고 있을 때 교수님의 제자들이 김밥을 사러 나갔습니다.

초면의 경진 선생과 최 교수님과 함께 있던 나는 갑자기 감정이 격해지며 울고 싶어졌습니다. 이유를 알 수 없어 저 스스로도 당황했습니다.

탁자 위에 엎드린 나는 아무것도 의식하지 않고 울었고 멈추어지지 않았습니다.

그런 저를 보던 경진 선생은 심각한 표정으로 최 교수님께 "교수님, 향 하나 피우시지요."라고 하셨고 최 교수님은 향을 하나 꺼내어 피웠습니다. 경진 선생님께서는 저의 상태를 면밀히 살피면서 "울고 싶으면 울어. 마음에 있는 거 전부 풀어 놔."라고 했습니다.

저는 탁자에 얼굴을 묻고 엎드린 채 흐르는 눈물을 주체할 수가 없었습니다.

"최 교수님, 죄송해요." 하자 최 교수님께서 "그래. 울어 맘껏."

그때 경진 선생님이 저에게 말을 했습니다.

"할머니! 손녀한테서 떨어져야지!"

젊은 도인이 갑자기 돌아가신 내 할머니를 부르니 황당하고 놀라웠고 속상했습니다. 나의 친할머니는 내 인생에 있어서 가장 중요한 멘토였고, 그분의 DNA가 제 몸에는 가장 많이 흐른다고 생각했는데 그분과 이별하라고 해서 너무 속이 상해 더 많이 울었던 것 같습니다.

경진 선생님이 "할머니가 손녀 곁에 붙어 있으면 손녀에게도 좋지 않고 본인에게도 좋은 일은 아니야."라고 했습니다.

손녀를 위하고 또 할머니 자신을 위해 떨어지라고 하고, 할머니에게 더 높은 차원으로 가라고 했습니다.

경진 선생님께서 말씀하시길, "살아생전 기도를 많이 한 불사 할머니구나."라고 하셨습니다.

그랬습니다. 제가 봐 온 할머니는 살아생전 기도와 정성이 무당들 저리 가라 할 정도로 기도를 많이 하셨던 분이었습니다.

그러고는 경진 선생님은 저에게 "전생 군인일 때 살생의 업이 깊구나."라고 하셨습니다.

제가 바라본 저의 평소 모습엔 살기가 있음을 느끼고 있었습니다. 저는 정말 정신이 나간 듯, 주변에 아무도 없는 것처럼 누구도 의식하지 않고 목 놓아 울었습니다.

경진 선생님은 저 멀리서 저에게 에너지를 방사하는 듯 기를 넣어 주셨고 제 몸은 오그라들고 뒤틀리며 통곡을 하는 것이었습니다. 저의 정신은 또렷했기에 누가 볼까 창피하면서도 황당했습니다.

한동안 격한 몸부림이 있었고 그러고 나니 몸도 마음도 가벼워졌습니다.

그런 제 모습을 보고 있던 최 교수님도 깜짝 놀라지 않을 수 없었다고 하셨습니다. 절대 누구 앞에서 울거나 약한 모습을 보이지 않는 저란 걸 알기에 많이 놀라셨습니다.

경진 선생님에게 할머니를 높은 차원으로 보내는 천도를 하려면 어떻게 해야 되냐고 물었습니다. 경진 선생님은 다시 날을 잡자고 하였습니다.

그다음 주 토요일에 최 교수님 연구소에서 하기로 약속을 하고 헤어졌습니다.

집에 돌아와서도 낮에 있었던 일이 믿어지지 않았고 심란했습니다.

저 나름 수행 단체에서 수련을 20년 넘게 하였고 오랫동안 점성술과 역학으로 사람들의 상담과 치유를 하고 정신세계의 출판도 하고 있던 대표로서, 보이지 않는 세상을 직접 체험하니 지금까지의 나의 오만이 부끄러울 뿐이었습니다.

그리고 일주일 후 천도를 했습니다.

경진 선생님은 저에게 "당신의 교만을 먼저 뉘우쳐야 합니다."라고 하시고 태양에너지를 넣어 주셨고, 저는 앉은 채로 그 에너지를 받는 자세를 취하고 경진의 에너지, 태양에너지를 받았습니다.

그러자 저의 몸이 저절로 움직이며 신기하게 저의 아픈 곳을 여기저기 두드리는 듯한 느낌이 들었습니다. 춤을 추는 것 같기도 하고 너무나 자연스럽게 제 온몸에 강한 기감을 느꼈습니다.

뭔가 내 안에서 어떤 작용이 일어나는 것 같았고 기분은 나쁘지 않았습니다.

경진께서 말씀하시길 "외할머니도 친할머니도 뇌졸중으로 돌아가셨군요, 그 유전인자를 그대가 받았는데 그대는 어떻게 될 것 같으시오?"라고 물으시어 "저도 그렇게 생을 마감할 것 같습니다."라고 대답했습니다.

선생님께서 말씀하시길, "2016년에 혈관이 터지고 20년에 재발하여 24년에 생을 마감할 수 있으니 함께하는 영가들 정리하고 전생의 깊은 참회와 어리석음을 깨우쳐 사람 살리는 일에 힘을 쏟겠습니까?"

라고 하시어 "그리하겠습니다."라고 약속드렸습니다.

2016년에 저는 뇌졸중으로 쓰러졌고 수술을 받았으며 지금은 투병 중으로 다시 머리 쪽이 안 좋아지고 있음을 강하게 느끼고 있었습니다.

그렇게 1시간 정도 경진 에너지를 받고 두 할머니는 나의 인당에서 빛으로 빠져나가는 걸 확연히 느꼈고 쇠사슬이 풀리는 느낌을 받으며 환희와 감사의 마음이 뜨거운 눈물로 한없이 흘러내렸습니다.

그 후 저는 다시 건강을 회복했고, 열심히 수련하고 있으며 나의 수호신이라고 생각하는 할머니를 더 깊이 사랑하게 됐습니다.

그리고 그분에 대한 사랑으로 저는 제 할머니를 위해 책을 쓰기로 하고 결국 그 책 한 권을 다 썼습니다.

그 전의 저의 몸 상태로는 상상도 할 수 없었는데 신기하게도 그런 에너지가 생겼습니다.

말로, 글로 표현할 수 없는 기적과 같은 경험이었고 정신세계의 선생이라 자부했던 저 자신이 부끄럽게 느껴지며 다시 태어나는 시간이었습니다.

경진 선생님을 만나게 해 준 최 교수님께 감사드리며 경진 선생님 말씀대로 사람 살리는 일에 남은 생을 걸겠습니다. 감사합니다.

이 책을 읽고 가슴이 뛰는 이는

이 책을 처음 읽을 땐 보고 지나치는 평면으로서
2차원계의 의식으로 읽고 흘리게 되고

두 번째 읽을 땐 한 줄, 한 줄의 의미를 깊이 집중해 가며
동서남북 4방위를 인식하는 3차원의 의식으로 보게 되며

세 번째 읽을 때 단어 하나, 하나를 증강 현실로 만들어 볼 수 있으면 동서남북 상하좌우 8방위를 인지하는 차원계의 문을 열게 되어 치유의 이치를 볼 수 있을 것이다.

이것이 삼매이고 초몰입의 상태로 의식의 혁명이 일어나 내 안의 근원 에너지와 만나며 창조의 치유에너지와 만나게 되는 것이다.

태양에너지는 의식과 육체의 차원 상승을 이루는 이 시대에 꼭 필요한 강력한 에너지이며 어떤 병도 스스로 치유할 수 있고 직관과 창의력이 솟아나 이상을 현실로 만들 수 있다.

이 책을 읽고 가슴이 뛰는 이는 주파수가 통하고 진동이 일어난 것이다.
이제 에너지를 운영하는 법만 익히면 된다.

2012년부터 2019년까지 원고를 마무리하고 5년 만에 출판하게 되었다.
끝까지 읽어 주셔서 감사의 말씀 드리고 이치를 깨우치는 데 조금이나마 도움이 되길 바랄 뿐이다.

2019. 戊辰

MIRACLE SUN

1판 1쇄 발행 2024년 07월 15일

저자 경진

교정 신선미 **편집** 윤혜린 **마케팅·지원** 김혜지

펴낸곳 (주)하움출판사 **펴낸이** 문현광

이메일 haum1000@naver.com **홈페이지** haum.kr
블로그 blog.naver.com/haum1000 **인스타그램** @haum1007

ISBN 979-11-6440-627-2(03180)

좋은 책을 만들겠습니다.
하움출판사는 독자 여러분의 의견에 항상 귀 기울이고 있습니다.